発達障害・グレーゾーンの子がグーンと伸びた声かけ・接し方大全

イライラ・不安・パニックを減らす100のスキル

小嶋悠紀
Yuki Kojima

イラスト・漫画　かなしろにゃんこ。

kokoro library
講談社

まえがき

大学1年生のとき、ボランティア活動で初めて、発達障害がある子と出会いました。そのときの衝撃が、いまだに忘れられません。

小学2年生のその男の子（セイジくん）には、確かに「目線が合いにくい」「一方的に話しまくる」「多動（落ち着きのなさが度を越している）」などの特性があり、驚かされましたが、基本的には車が大好きな、ただの明るい子だったのです。

ところが活動後、セイジくんのような子が不登校になったり、家庭や学校で荒れたりする事例が後を絶たないと聞かされました。大人が適切なサポート方法を知らないばかりに、「わがままな子」「乱暴な子」とみなされ、孤立し、傷ついてそうなるのだそうです。頭をガツンと殴られたように感じました。

この体験がきっかけで、私は発達支援について学び始めました。学ぶだけでなく、実践の場も自ら切り開きました。大学在学中、発達障害がある青年の余暇活動を支援する「PASSPORT（パスポート）」という団体を立ち上げ、代表を2年間務めたほか、家庭教師として発達障害がある子を何人も担当したことがあります。

その後、念願だった教師の道に進みましたが、今も変わらず支援の方法を学び、実践し、講演や研修を通じて教える活動を続けています。教室で指導に当たる、カンファレンスに参加して助言する、といったかたちで、約20年間で2000を超えるケースに関わり、次のような、さまざまな特性を持つ子どもたちと過ごしました。

・「新しいもの」への恐れが強すぎて、どうしても小学校に行けない新1年生
・授業中、椅子に座っていられず、立ち歩きを始めてしまう小学生
・宿題を1問、間違えただけで、パニックになって騒ぎを起こす中学生

こんな子たちと信頼関係を築くには、どうすればいいのか。彼らに笑顔を取り戻す方法はないか。よりよく生きる術（スキル）を身につけてもらうには、どう教えたらいいのか――。

悩みながら試行錯誤し、仲間と議論し、アメリカなど海外の教育現場を視察させてもらったりして研鑽（けんさん）を積みました。そんなふうに練り上げたなかから選りすぐった、よい支援を行うための100の考え方やスキルをまとめたのが、この本です。小学校低学年（1～2年生）くらいの子のサポートを想定した内容になっていますが、発達段階によっては、中学年（3～4年生）や高学年（5～6年生）の子に役立つ場合もあるでしょう。

教室で培った考え方やスキルではありますが、家庭で使えるものもたくさんあるはずで

す。教師だけでなく保護者にも参考にしてもらいたいので、両者をまとめて指すために「大人」という言葉を使うことにしました。

また、「子ども」とは、とくに断りがない限り「発達障害がある子」や「グレーゾーンの子」（未診断だが発達障害の可能性が考えられる子）を指すものとして使っています。

どんな特性がある子も、私たちにとっては宝です。ですが、宝を守り、健やかに育てるのは、そう簡単なことではありません。とりわけ、特性がある子と上手に接するためには、技術が必要です。たとえば、「ほめる」という行為ひとつとってもそうです。

発達障害がある子は、そもそも「ほめられること」が「いいこと」だと認識できていない場合があります。そのような子を「すごい！」「上手！」と称賛するだけでは、怪訝（けげん）な顔をされるだけです。「より確実に言葉の意味を届ける方法」や、「言葉以外のほめ方」を考えなければ、私たちの気持ちは伝わりません。

この本のなかに集めたのは、私が実際に現場で使って〈効果があった〉と実感できた支援の考え方やスキルです。人に試してもらったところ、「子どもがどんどんよくなる！」と喜びの声をいただいたこともありました。つまり、現実に子どもが成長したという「事実」にもとづいたスキルなのです。

そんな「子どもの事実から導かれたスキル」を、家庭で、あるいは教育現場で、ぜひあなたも試してみてください。どのページから読んでもいいように構成し、マンガやイラストを使って、いい対応に「○」、惜しい対応に「△」、よくない対応に「×」をつけるなど、わかりやすくなるように工夫を凝らしました。
現場でおおいに活用してくださることを期待しています。

2023年2月　小嶋悠紀

本書では、子どもの言動を次のように分類しています。
◆問題行動……暴力や暴言など、周囲の人に与えるネガティブな影響が大きい言動
◆望ましくない行動……ネガティブな影響は比較的小さいが、迷惑になる言動
◆望ましい行動……その場に合った適切な振る舞い
ただし、厳密に使いわけると読みにくくなるので「問題行動」をおもに使いました。この言葉には賛否あると思いますが、子どもを悪者にしたいわけではなく、わかりやすく端的に伝えるため、「周囲が問題視する行動」の省略形として用いているのだとご理解ください。

ブックデザイン　山原望
コラム制作　江本芳野（有限会社エーアンドイー）
DTP　朝日メディアインターナショナル
写真　著者提供（p.266下、p.268下、p.272、p.276、p.279）
　　　株式会社ドリームブロッサム（p.274）
　　　小川光（上記以外およびp.272右上の小写真）

※登場する子どもの名前はすべて仮名です。プライバシー保護のため、事例は細部をアレンジして掲載しています。
※第9章で紹介する教材・商品についてのお問い合わせは、一部を除き巻末に掲載した各製造・販売元までお願いします。

発達障害・グレーゾーンの子がグーンと伸びた　声かけ・接し方大全／目次

第1章

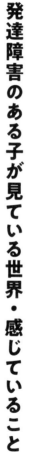

発達障害のある子が見ている世界・感じていること

第2章 上手に支援するための「目のつけどころ」と原則

第3章

現場で本当に効果があった「ほめ方・教え方」

第4章

子どもの「こだわり」との向き合い方

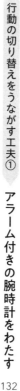

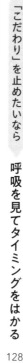

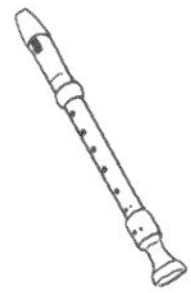

第5章

子どもの「気になる行動」の予防法と解決法

第6章 多動・不注意で落ち着かないときに効果的なサポート

第7章

子どものパニックを防ぎ、落ち着いてもらう方法

第8章 他害行為（暴力）が出てしまったときの対応法

第9章 道具を使って支援を広げよう

コラム

第1章

発達障害のある子が見ている世界・感じていること

1

話が伝わりにくいのはなぜか▼▼▼

「ワーキングメモリ」が弱いから

事例 勉強中によくあること

「ワーキングメモリ」(作業記憶)という言葉をご存じでしょうか。

たとえば、誰かが言ったことをメモするとき、私たちは言われた内容を一時的に記憶してから、紙にアウトプットしますよね。そんなふうに、当面の作業に必要な情報を一時保存しておく脳の記憶機能が「**ワーキングメモリ**」です。

発達障害がある子、とくにADHD(注意欠如・多動症)がある子は、このワーキングメモリが弱いという特性があります。

たとえて言うならば、一時保存できる場所がひとつしかないようなものです。だから、ひとつのことで頭が占拠され、ほかの記憶が全部抜けてしまうのです。マンガで紹介したのは、「消しゴム」のことで頭が占拠され、「勉強」のことが抜けてしまった子の例でしたが、勤めていた学校では、そんな〝抜けた〟状態になった子をよく目にしました。

たとえば、廊下を走る友達を目にした途端、「どこに行くんだろう」と気になって、それだけが頭に残って今やっていることを忘れた、という子がいました。

また、下校途中、道端の草が気になって、「この植物、何だろう」なんて言いながらいじっているうちに「帰る」ということが頭から抜けてしまって、親をずいぶん心配させた——なんて子を見たこともあります。

低学年の子は、ワーキングメモリが弱いせいで注意がそれてしまったり、大人の教えることを頭にとどめておけなかったりします。そのようなことが日常のなかでたびたび起こるので、生活が妨げられ、ひいては子どもの成長が阻害されることになります。ですから、子どもを支援するにあたっては、この「ワーキングメモリが弱い」という特性を念頭に置かなければいけません。

なお、ワーキングメモリには次の2つの特徴があります。支援の方法を考える際のヒントになるので、押さえておいてください。

①素早く通り過ぎるものは定着しない

ワーキングメモリには「**目の前をシュッと素早く通り過ぎたものは忘れやすい**」という特徴があります。音声についても同様で、大人がふつうのスピードでしゃべった言葉が、子どもの頭には残らない、ということも起こったりします。

ですから、子どもにちゃんと伝えたいと思ったら、大切な内容を強調しながら、わかりやすい言葉でゆっくりと伝えるようにしましょう。

とくに低学年の子によく見られることですが、大人が話しているときに「?」とでも言いたげな表情を子どもがしていたら、もう一度同じ言葉でゆっくりと伝えなおしてみてください。そうすると、言っていることがストンと頭に入る場合があります。

②最後の言葉やフレーズが残りやすい

たとえば、

「部屋を掃除するよ～！　散らかってるからね」

と言われたら、私たちは「掃除を始めなきゃ」と思うでしょう。

しかし、ワーキングメモリが弱い子の頭には、あとに出てくる「散らかってる」という言葉しか残らない、ということがよく起こります。**「散らかってる」という情報が頭に入った途端に、「部屋を掃除する」という情報が抜けてしまうのです。**

そのようなことを防ぐためには、できるだけ短いワン・フレーズで伝える必要があります。たとえば先ほどの指示であれば、

「部屋が散らかっているから掃除するよ」

と言えば、「掃除するよ」が子どもの頭に残るはずです。

2

問題行動が起きやすい理由①

「未学習」の状態だから

発達障害の子どもが、「望ましくない行動」や「問題行動」を起こして周囲を困らせるのはなぜでしょうか。「発達障害があるからでしょう」という答えが返ってきそうですが、その考え方はあまりにも大雑把すぎます。

子どもは、発達障害によって、**ほかの子が自然に習得することをなかなか身につけられないから**、問題行動を起こしてしまうのです。

言いかえると、発達障害がある子は、望ましい行動を学べていない「未学習」の状態になりやすく、その**未学習こそが、問題行動の原因**なのです。ですから、問題行動を解決したいと思ったら「発達障害だから」ですませてはいけません。それでは単なる思考停止です。原因である未学習を解消（あるいは、予防）する方法を考えるべきなのです。

では、なぜ子どもが未学習になりやすいかというと、理由は2つあります。

①体験から学ぶのがとても苦手

定型発達の子は、幼稚園や学校などに通ううちに、たとえば「先生の指示に従って全員で行動する」とはどういうことで、何をすればいいか、などといったことを、経験を通して学び、実行できるようになります。

しかし、生まれつき「多動」「こだわり」「雰囲気が読めない」といった特性がある発達障害の子は、その特性のままに振る舞ってしまうので、同じような経験が積めません。

さらに、そもそも「まわりを見て学ぶ」のが難しい、というのも発達障害の特性です。このため、ほかの子と同じような経験をしても、同じことを学び、身につけられるとは限らないのです。

ですから、発達障害がある子に、「ダメでしょ」「いけません」などの禁止語を用いて叱責しても、ほとんど意味がありません。その子は、**「何がよくて何が悪いか、学習できていない」状態なので、叱責されてもわけがわからず、混乱してしまいます。**

「痛い思いをさせてわからせよう」「失敗もいい経験になる」と考えて大人が接しても、まったく意味がありません。イヤな思い出だけが残り、子どもが傷つきます。そして傷ついた体験が積み重なり、二次障害に見舞われる子も出てきます。

発達障害がある子には、生活に必要なスキルを意識的に学習させ、実行してもらわなければいけません。だから支援が必要なのです。そして支援するときは、長い時間をかけて、くり返し「教える」「ほめる」ことが何よりも大切になります。

②インプット不可能な状態になりやすい

発達障害がある子のなかには、興奮しやすい子、パニックになりやすい子もいます。そのような子は、**混乱すると何を教えられても「インプットできない」状態になってしまいます。** 大人でも、パニックになったり極度に興奮してしまったら、新しい情報を頭に入れることはできませんよね。

子どもがパニックになってしまったら、

「次は、〇〇しようね」
「××はやめておこう」

などと伝えても、もう子どもの頭には入らないのですが、そのことに気づかないまま、大人が「必要なことを教えたつもり」でいると、時間だけが経過して、生活に必要なスキルや望ましい行動をなにひとつ習得できないまま（つまり、未学習のまま）子どもの学年だけ上がっていく――ということが起こります。

以上2つをまとめると、**発達障害がある子は、「そもそもスキルを学ぶのが苦手」なことに加え、「学べない状態になりやすい」から、未学習に陥りやすい**のだと言えます。

未学習を避けるには、何よりもまず、「子どもを傷つけない配慮」をしなければいけません。そうしないと、何を教えても子どもには伝わらないからです。具体的には、

・子どもと信頼関係を築き、「この大人は自分を傷つけない」という安心感を得てもらう

・子どもが傷ついたり、パニックを起こす原因になりそうなものを避ける

という2つをいつでも心がけることが大切になります。とにかく「傷つけない」ことが第一なのです。

でも現実には、「大人がよかれと思ってしたことが、実は子どもの心を傷つけていた」というケースが多々あります。そんな大人の接し方を、私は「善意の悪行」と呼んでいますが、傷ついた子の行動を変えるのは困難です。

「傷つけず、イヤな記憶を残さない予防的な教育」を心がけましょう。子どもが小さければ小さいほど、この心がけが重要になります。

3

問題行動が起きやすい理由②

「誤学習」しているから

私は小学校や特別支援学校で教員として働いてきましたが、そこでよく経験したのが、子どもの「立ち歩き」です。授業中に子どもが落ち着いて座っていられず、立って歩きだしてしまうのです。

ある男子児童（コウタくんとします）の例を紹介します。

コウタくんは授業の内容がわからないとイライラを募らせるタイプの子でした。イライラが募ると立ち歩いてしまうこともありました。

授業に耐えられず、立ち歩いてしまう低学年の子はめずらしくないのですが、コウタくんの場合はその「立ち歩き」がエスカレートしていくので、現場にいる大人が振り回されることになってしまいました。

ちょうど、次ページのマンガのようになったのです。

イラ
イラ
ガジガジ
ブス
ブス
うろうろ
ガタッ
…
コウタくん座っていてください
最初は先生が声をかけると座ることができましたが

だんだん立ち歩きが増え
支援員の先生がつくようになりました
座っていられたね
1ヵ月もすると…
だラ
コウタくんどこ行くの!?
待ちなさい
止まって～
♪～

なぜ、こんなふうに問題行動がエスカレートしたのでしょうか。

それは、コウタくんが大人の反応を楽しむようになってしまったからです。

コウタくんにとって、授業は退屈でつらいものでした。ところが、その授業を放棄して立ち歩くと、教師が注意してくれます。つまり、彼に反応してくれるのです。しかもそのあと、支援員が優しく接してくれます。

立ち歩くことで退屈がまぎれ、心地よささえ得られるわけです。だからコウタくんは、〈座って我慢しているより、歩いたほうが、大人の反応が楽しいぞ〉〈しかもそのあと、優しく接してくれるから、歩いたほうが心地いいぞ〉と感じ、本来なら身につけるべきではない「立ち歩き」を、メリットのある行動として、誤って学習してしまいました。これが「**誤学習**」です。

誤学習が起こると、大人が注意すればするほど事態が悪化します。だから発達障害がある子には、注意や叱責ではなく、できるだけ穏やかに「望ましい行動」や「スキル」を教えてあげる必要があるのです。

4

問題行動が起きやすい理由③

気持ちを表現できないから

○ 困っている原因を考える

わーっ！
何に困ってるのかな……？

× 迷惑だと考える

わーっ！
困ったな　静かにしてほしいのに

「イヤだ！　やりたくない！」（大声で拒否）
「うわ――――ん！」（大声で泣きだす）

発達障害がある低学年の子は、こんなふうに言葉や行動で強烈な反応を示すことがあります。あちこち歩き回ったり、人を叩いたり、物を壊したりする子もいます。

大人はこれらの行動をなんとか抑止しようとしがちですが、無理におさえこむだけでは、根本的な解決にはつながりません。

子どもは「困っているから」行動します。逆に言うと、子どもの行動は、「その子が困っていること」を突きとめる、貴重な手がかりなのです。ですから大人は、子どもの行動を「迷惑」ととらえるのではなく、「手がかり」と考えなければいけません。そうしないと、子どもはやがて「困った」という気持ちを表現しなくなります。

発達障害があっても、成長すると子どもは自分の行動を抑制できるようになります。しかし、その時点で**大人への信頼感が低下していると、困ったことがあっても表現しなくなり、より激しいパニックを起こすようになるのです。**

問題行動に注目し、手がかりだと考えてサポートすれば、子どもは大人を信頼してくれます。問題行動は、大人が見方を変えれば将来の布石にできるのです。

5

なぜ集団に適応できないか▼▼▼

子どもには「地獄」だから

運動会の練習がつらいです
振りつけを失敗すると怒られるし
同じところまた間違えてます

ある子が語ってくれたこと

発達障害の子は、学校のような「集団」のなかではイライラやパニックを起こしやすくなります。そして、運動会・音楽会・文化祭などの行事、およびその練習のときに、とくにその傾向が強くなります。なぜ集団が苦手なのでしょうか。そこにはおもに、次の3つの原因があります。

①集団で行動するのが苦手

集団にはルールがありますが、そのルールにうまく従えない子や、そもそも「みんなと一緒に行動する」ということが苦手な子がたくさんいます。

そういった子を集団のなかに入れて、ある決まった行動をさせようとすると、ストレスが積み重なり、「不安定」「パニック」が起こりやすくなるわけです。

②予定が変更されると対応できない

学校のような集団には、たいていルーティンがありますが、そのルーティンはしばしば変更されます。たとえば学校の行事の期間は、とくに変更が多くなります。

発達障害がある子は「見通しがついている予定」によって安定して生活することができます。「予定の変更」が多くなると、どう行動してよいかわからなくなり、パニックを起こしやすくなるのです。

③失敗経験が積み重なる

①、②のような状態が重なると、子どもはうまく行動できなくなり、失敗や、大人に叱責される機会が増えます。失敗体験や叱責によって心が傷ついてトラウマが残ると、子どもは集団に恐怖すら感じるようになり、さらに適応できなくなっていきます。

このようなわけで、とくに行事は、発達障害の子にとっては「地獄」になりかねません。32～33ページのイラストは、ある子が私に実際に語ってくれたことですが、その子のように「ガマンガマンの1ヵ月」を耐えている子はたくさんいるのです。

ですから集団のなかにいるときは、余計なストレスがかからないように、そして興奮やパニックが起こらないように、大人が配慮してあげましょう。不運にもパニックが起きたときの、具体的な支援方法は第7章以降を参照してください。

6

問題は脳だけじゃない▼▼▼

体にも「特性」を抱えている

発達障害がある子は、体にも「特性」を抱えていることがあります。私の経験上、低学年の子は次の2つのどちらかのタイプに当てはまることが多いと言えます。

①体が緊張して硬くなっている子

この本の読者に試してほしいことがあります。ちょっと立って、両手を握ってぐっと力を入れ、さらに腕や肩にもめいっぱい力を込めてみてください。どう感じますか？　きっと「しんどい」「疲れた」と思うのではないでしょうか。

そんなふうに、一日中「**体にめいっぱい力が入った緊張状態**」で生活している発達障害の子をよく見かけます。体に少し触れるだけで、あちこちがガチガチに緊張していることがわかるほどなのです。

毎日寝るまでそんな状態だったら、きっと生きづらいでしょう。そういう子もいるということを、大人はよく頭に入れておく必要があります。

②体を支えられない子

椅子に座ったときに、体がへにゃっと前に倒れてしまう子や、いつも机に肘（ひじ）をついて座っている子がいます。そんな様子を見ると、大人はだいたい〈怠けている〉〈だらしない〉と感じて、つい顔をしかめてしまいますよね。

でもなかには、**「だらしない」姿勢になって支点を多くつくることで、やっと体を支えているという子もいるのです。**原因は体幹の筋肉の発達が十分でないからですが、大人から色眼鏡で見られがちな姿勢しかとれないのも、特性のひとつだと私は思います。

どうしてもだらしない座り方になる子がいたら、その子は、「特別な支援を必要としている子」なのかもしれないと考えてみましょう。第9章で紹介するビーズクッションなどを試してみるといいかもしれません。

7

「わがまま」と誤解してはダメ▼▼▼

「感覚過敏」にも配慮を

「わがまま」な子

「聞き分けのない」子

こういう子どもを叱る前に、少し考えてほしいことがあります。

イラストのような子を見ると、「わがまま！」「聞き分けがない！」と言って怒りたくもなりますよね。

しかし、その子が示しているのは、本当に「わがまま」なのでしょうか。〈「生きづらさ」からくる行動かもしれない〉と想像してみる必要も、あるのではないでしょうか？

とりわけ大事なのが、「感覚過敏かもしれない」と考えてみることです。

発達障害の子は感覚に特有の問題を抱えていて、だから日常生活のなかで苦痛を感じている場合があるのです。

たとえば感覚の「過敏性」は、発達障害のある子どもたちにはよく見られる特徴です。

しかし、一般的な発達段階をたどって成長してきた大人には、なかなか理解できません。だから〈これは単なる「わがまま」だ〉と判断して子どもを叱責し、知らず知らずのうちに傷つけていることがよくあります。

近年は聴覚過敏がよく知られるようになってきて、それは喜ばしいことですが、聴覚以外の感覚に過敏性がある子もたくさんいます。

また、複数の感覚過敏で困っている子もいます。そのことを、もっとたくさんの大人に知ってほしいと思います。知るだけでも、ずいぶんと理解は進むからです。

8

問題は過敏性だけじゃない▼▼▼

「同居現象」にも注意しよう

前項で感覚過敏について書きましたが、まったく逆に、感覚に「**鈍麻性**」（鈍いこと）がある子もいます。私は、痛みに鈍感で流血していても気づかない子や、生乾きの服を着てもにおいに気がつかない子などを見たことがありますが、そんな子については、ケガがないか、体調を崩していないかなどを、大人が気をつけてあげなければいけません。

さらに、感覚の鈍麻性と過敏性をあわせもっている、というケースもあります。たとえば、転んでもたいして痛がらないのに、他人から触られるのは「痛い！」と拒絶する――という子を担当したこともありました。

このような、過敏性と鈍麻性が併存している状況を、仮に「**同居現象**」と名づけておきたいと思いますが、この同居現象の存在を知らないと、大人のほうに、

「この子はにおいには鈍感なんだ（だから、嗅覚過敏なんかないはず）」

という先入観ができてしまい、子どもの特性に気づけないままになりかねません。

もちろん、過敏性だけがあるという子もいれば、鈍麻性だけがある、という子もいるのですが、**「極端に敏感な面と、極端に鈍感な面が同居している」というケースがけっこうある**ことは、よく覚えておいてください。

事例 「同居現象」の一例

あっ！ 消しゴム忘れちゃった!!
声デカッ
なあ 貸してくれよ！
うるさいなあ……
ベラベラ
きゃははは
わーわー
うるさーい！
ええ～!? 自分だってさっきはあんなに大声で話してたのに！

この男子のように、周囲の声には敏感なのに自分の大声は気にならない、という子もいます。

9

感覚過敏の実態①

音が聞こえすぎる「聴覚過敏」

「**聴覚過敏**」とは、いろいろな音が聞こえすぎてしまう状態のことです。

定型発達の子は、耳に入ってきた音を脳がうまく取捨選択してくれるのでいいのですが、聴覚に過敏性があると、音が無差別に、ときに大音量で聞こえてしまうようです。

少し想像してみましょう。

この本を読んでいるあなたの隣に、誰かがいるとしましょう。その人が急に大きな声で話しかけてきたら、ビックリしますよね。「何？　何？」と混乱して、これから何が起こるのか、不安にもなるでしょう。それと同じことが、発達障害の子には毎日・毎時間、起こっているのだと考えてください。

次ページ下のイラストのように、**「たいしたことのない音量の音」が「大音量で急に降ってきた」ように感じてしまうこともあるのです。**だから、こちらに驚かせるつもりはなくても、ちょっと声かけしただけで、子どもがビクッとなってしまう場合があります。

とりわけ低学年や幼少期の子どもは、自分で大変さを訴えることができないので、聴覚に過敏性がないか、入念にチェックしてあげてください。

そして、聴覚過敏がある子には、音の聞こえにくい場所に座らせるとか、イヤーマフ、あるいはノイズキャンセリングイヤホンなどを使ってもらう、といった支援を行いましょう。

聴覚過敏がない子は

リコーダーの音が聞こえても気にならない

聴覚過敏がある子は

こんなふうに聞こえているかもしれない

10

感覚過敏の実態②

脳を疲弊させる「視覚過敏」

いろいろある発達障害の特性のなかでも、意外と見逃されやすいのが「**視覚過敏**」です。これは要するに、「見えすぎてしまう」ということです。

たとえば今、ショッピングモールにいる、と想像してみてください。私たちは、周囲の人や物を気にしないでいられますが、発達障害がある子は、

- **パッと光るもの（たとえば、カメラのフラッシュや、キラキラした装飾）**
- **音を出すもの（たとえば、コツコツ音を立てる靴、音を立てて落ちる小銭）**
- **色鮮やかなもの（たとえば、派手な色の服、色とりどりの風船）**

など、目立つものに注意を奪われて、視線を外せなくなってしまうのです。さらに、「注意を奪うもの」がたくさんある場所では、いろいろなものに次々に目が向いて、視覚から情報がバンバン入ってくるため、脳が疲弊してしまいます。

このように、発達障害がある子は、目に入る情報が多すぎたり、強すぎたりすると混乱しやすいのです。

その混乱が、落ち着きのなさや問題行動を引き起こすこともあるので、生活のなかでは、

・子どもが椅子に座ったとき目に入るもの（掲示物や置いてあるものなど）を、できるだけ変化させないようにする

・使わないものはこまめに収納して、多くのものが目に入らないようにする

といった配慮が不可欠です。

光るもの、派手なものなどに次々と注意を奪われ、目が離せなくなって疲れてしまう

11

感覚過敏の実態③

肌への刺激を嫌う「触覚過敏」

事例　服が着られない!

どの服もチクチクする!イヤッ!!
困ったわねえ何か着られるものはないの?
これがいい!
え~!?それパジャマ!!
ドヤッ
というわけで小3までこんな服で登校してきた子がいました
おはよー

普通学級の児童のなかにも、このような子はいるのです。

肌への刺激を嫌う子はめずらしくありません。マンガのように服が着られない子もいますし、他人に触れられるのをものすごくイヤがる子もいます。

大人がほめるつもりで頭をなでたところ、「触るな！」と怒りだした子を見たことがありますが、きっと何か不快な刺激を感じたのでしょう。

同じ刺激でも、私たちと子どもたちでは、感じ方が違うことがあるのです。

たとえば次のような様子が見られる場合、その子には「**触覚過敏**」があるかもしれません。

・靴、靴下、首まわりがきつめのシャツなど、体に密着するタイプの服を嫌う
・服についているタグをしきりに気にする
・毎日同じものを着たがる

こういう行動が見られる子には、必ず次のような配慮が必要になります。

・**無用な接触を避ける（とくに背後から体に触れるのはＮＧ）**
・**サンダルなど、その子が落ち着いて過ごせる履物を探しておく**
・**服のタグをあらかじめ切り離しておく**
・**同じ素材の同じ服を複数枚用意しておく**

触覚過敏については、服薬で軽減できたり、発達とともにゆるやかになったりすることが多いので、子どもが小さいときほど、ていねいに支援をしておきたいものです。

12

感覚過敏の実態④

誤解されやすい「味覚過敏」

ある子が語ってくれたこと

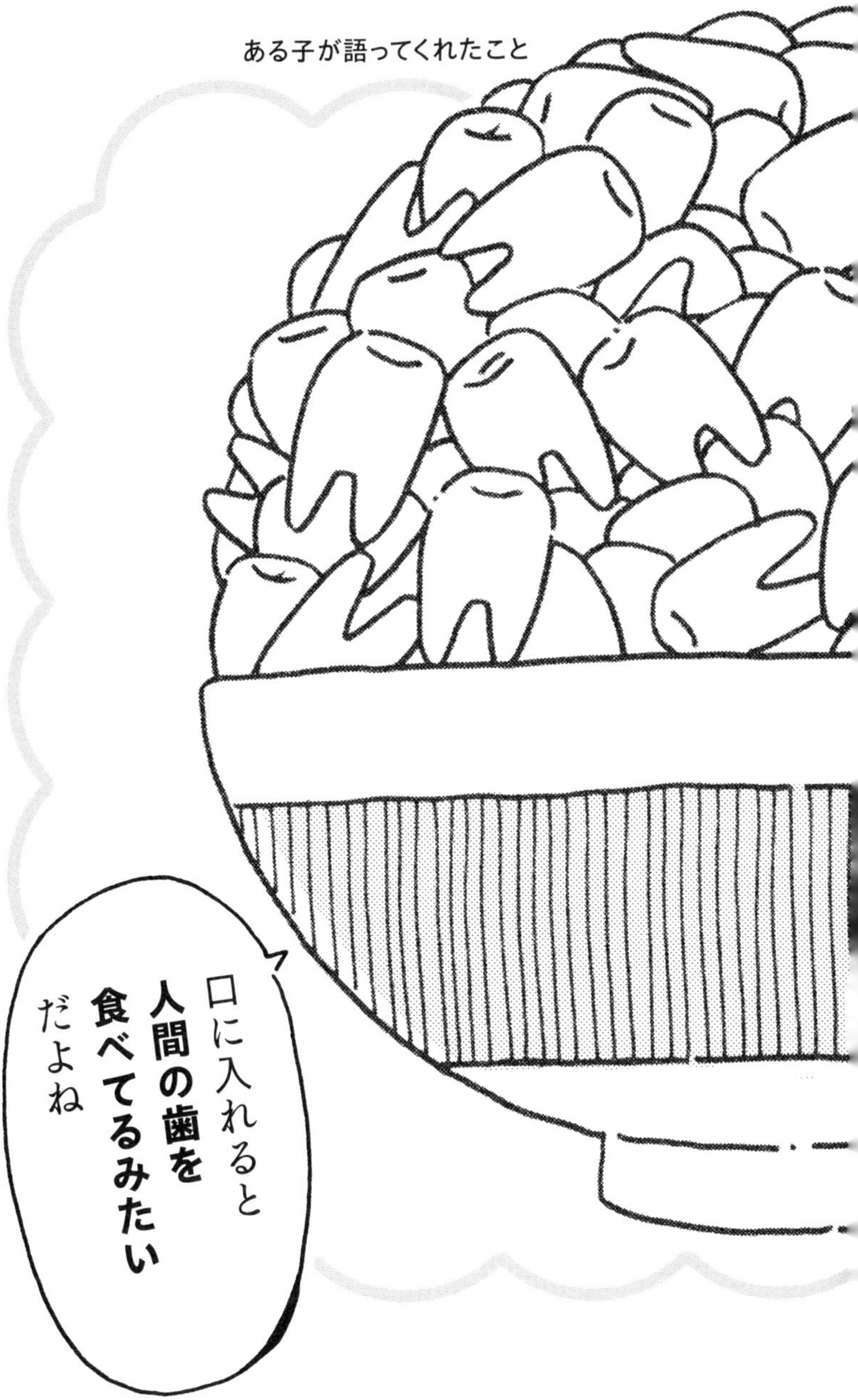
口に入れると
人間の歯を
食べてるみたい
だよね

以前、私が担当した子は、

「ご飯（米飯）を口に入れると、人間の歯を食べてるみたい」

と言っていました。私たちにはなかなか理解しがたい感覚ですよね。

しかし、発達障害がある子は、このようにひとつひとつの食材や味について、私たち以上にいろいろなことを感じているようなのです。そのような子は、炊きたてのご飯を前ページのイラストのように感じているかもしれません。

ところが、定型発達の人とは異なる味覚をしていても、子どもが味を表現する語彙は、

「おいしくない」

「まずい」

などに限られてしまいます。だから大人には、どうしても単なる「好き嫌い」や「わがまま」に見えてしまいやすいのです。

たとえば学校だと、給食を食べられない子がときどきいるのですが、ある食べ物をイヤがって、どうしても口にしない、という子がいる場合は、必ず「**味覚過敏が原因で食べられないのかも**」と疑ってみる必要があるでしょう。

味覚過敏のほかにも、食べ物に関しては、
・「白いものしか食べられない」という〝色縛り〟がある子

・肉まんなど、具が包まれたものは「中身が見えないから不安で食べられない」という子といったケースを、私は経験したことがあります。

いずれにしても、食で困っている子に絶対してはいけないのは、「一口くらいは食べなさい」などと、大人が無理にすすめることです。**食べさせられたことがトラウマになり、やがて食べることの拒否から、拒食症へとつながってしまう場合もあるためです。**

基本的な対応は、栄養のバランスに気をつけながら、食べられるものを食べさせる、ということにつきます。

以前、私のクラスに味覚過敏のある子がいました。抵抗なく食べられるものがカレーライスくらいしかなかったため、保護者はその子に合わせてカレーを週3回、栄養が偏らないように具材をかえてつくっていたそうです。

簡単にできることではないかもしれませんが、この保護者のように、子どもの感覚に合わせてあげる姿勢が何よりも大切です。

13

感覚過敏の実態⑤

においを感じすぎる「嗅覚過敏」

事例 どうしても入れない！

「**嗅覚過敏**」とは、ある種のにおいをほかの人よりも「感じすぎる」状態のことを言います。たとえば学校には、ときどき、

・学校のトイレにどうしても入れない
・給食のにおいがダメで教室にいられない

という子がいます。課外活動に出たときでも、マンガの事例のように下水処理場の何らかのにおいを敏感に感じとった子が、入場を拒否したケースがありました。

いずれのケースでも、嗅覚過敏で困っている子については、気になるにおいから遠ざける、などの配慮をしてあげる必要があります。

なお、においに関連して問題が起こる場合は、過敏性とともに、次の2つの可能性も考えておかねばなりません。

●何らかのトラウマがある

においに関連する何らかのトラウマが刺激され、そのために拒絶反応が出ている、という場合があります。

たとえば昔、辛い（から）ラーメンを食べて、口のなかにやけどを負った子がいましたが、その子は香辛料の香りに敏感になってしまい、スパイシーな香りが漂うところを嫌うようにな

りました。このようなケースでは、心の傷をさらに深くしないことを第一に考えなければいけません。子どもを、香りが漂う場所から遠ざけるようにしましょう。

●「慣れたにおい」がない場所が不安

「慣れたにおい」がないと不安が強くなる、という子もいます。

たとえば以前、どうしても教室に入れない子がいましたが、調べていくと、「家のにおいとは違うにおいがするので不安だった」のが原因だとわかりました。

そこで自宅から毛布を持ってきてもらい、授業中はその毛布をそばに置いてもいい、ということにしました。毛布には当然、家のにおいが染みついています。家のにおいを感じられることで安心でき、その子も授業を受けられるようになりました。

嗅覚に関する問題は、このように、心理的な安心感を与えることで解決できることもあります。

第2章

上手に支援するための「目のつけどころ」と原則

14

注意すべき時期がある▼▼▼

「5歳・9歳・13〜14歳」が要注意

とくに注意が必要な年齢

発達障害の子と関わるうえで、とくに注意が必要な年齢が3つあります。それは、5歳（幼稚園年中）、9歳（小学校の中学年）、13〜14歳（中学校入学後）です。

5歳は、集団に適応できるかどうかがハッキリと見えてくる時期です。この時期に困っている子が見つかれば、すぐに支援を開始できるので、保護者にも幼稚園・保育園の先生にも、この年齢の重要性をはっきりと認識してもらいたいと思います。

次が9歳。小学3〜4年生で不登校になる子が、とくに女子に多く出てきます。

そして最後が13〜14歳、とくに中学1年生の中盤ぐらいで、この年齢でも、ちょっと心が折れて不登校になる発達障害の子があらわれます。

とくに注意してほしいのが、「真面目」な「女子」です。

大人は「暴力的」「立ち歩きをする」など、問題行動をくり返す子に目を向けがちですが、真面目でおとなしい子ほど、様子をよく観察する必要があります。

真面目な子は、**「過剰適応」**（無理をして集団に適応しようとすること）に陥っていることがあるのです。**無理を続けて疲弊して、限界に達すると不登校になり、そこから抜け出せなくなることもあります。**

ですから、真面目に見える子（そのなかでも、とくに女子）が本当に大丈夫なのかどうか、9歳および13〜14歳ごろによく観察する必要があるのです。

15

すべての対応の基本

「ベーシック5」を覚えよう

この項で紹介するのは、倉敷(くらしき)市立短期大学の平山諭(ひらやまさとし)教授(故人)が「セロトニン5」として提唱した、発達障害がある子への対応の原則です。私は最も基本的なスキルだと思っているので、「ベーシック5」という呼び名をつけて、あちこちで紹介しています。

発達障害の子に接するときに大切なのは、「安心感を与えること」です。ベーシック5は、まさに安心感を与えられる接し方なので、基本としてぜひ押さえたいところです。

ベーシック5

①見つめる

子どもが自分のほうを見てきたら、大人は目を合わせて見つめ返してあげましょう。

ただし、「子どもが見てきたとき」だけで十分です。

ときどき、勉強や工作などに一生懸命取り組んでいる子に近づいて、なんとか目を合わせようとする大人がいますが、子どもが集中しているときにそういうことをする必要はありません。

低学年の子がなぜ大人を見るのかというと、それは安心感が欲しいからです。だから子どもが見てきたときは必ず見つめましょう。

②微笑む

大人は、いつでもにこやかに子どもに接してあげましょう。子どもがこちらを見てきたときは、とくに笑みが大事になります。

ポイントは歯を見せて笑うことです。

口を一文字に結んだまま、口角を持ち上げて微笑んでも、見ている子どもの脳は、「あの人は微笑んでいる」というふうには認知しません。

人間の脳は、歯を見せて笑うことで「笑み」を認知できます。歯がポイントですので、そこは外さないようにしてください。

③話しかける

この「話しかける」は、とても大切です。

朝起きたら、すぐに話しかけてあげてください。

とくに教師に絶対やってほしいのは、「月曜日の朝一番に話しかけること」です。

家庭が荒れている子どもたちは、月曜日の朝は気持ちが安定していません。ですから落ち着かせるためにも、朝出会ったらすぐ、「おはよう」「昨日どこ行った？」と声をかけ、子どもが答えたら「そうかそうか」と反応してあげてください。そうすると子どもが安心します。

④触れる

子どもが望ましい行動をしていて、その行動をもっと強化したいときは、たくさん触れるようにしてください。

タッピングと呼ばれる方法があります。ポン、と肩を軽くタッチしてあげてください。ポポーンと、素早く2回タッチするのもいいでしょう。とくにＡＤＨＤ傾向がある子には、刺激が強い「2回タッチ」のほうが、こちらの気持ちがしっかり伝わるようです。

ただし、頭をなでるのはＮＧです。発達障害の子は、頭を上からなでられると圧迫感を覚えます。触れたりなでたりするときは、必ず手を横から差し出すようにしましょう。

⑤ほめる

一口に「ほめる」といっても、いろいろあります。大声で「すごいっ!」と声を上げるのも「ほめる」だし、小声で、「すご〜い」とつぶやくように言うのも「ほめる」です。いろんなほめ方があって、強弱を使いわけることで子どもの脳に与えられる刺激も変わります。ほめ方は、実はとても奥が深いのです。

また、ほめるときには、同時に必ず、身につけてほしい「望ましい行動」や「スキル」を子どもに伝えなければ、十分な支援にはなりません。

だから本書では、第3章を丸ごと割いてしっかり説明します。詳しくはそちらを見ていただくとして、まずは「ほめる」が大事だと覚えておきましょう。

16

支援の方法を検討するときは▼▼▼

「危険因子」「保護因子」に注目

事例 「因子」とは何か

ピィ〜〜ピッ♪
ピィ〜ピ〜〜
ピーピーピー♪
ピィィ〜
うるさい！
リコーダーの音
つらいな…
危険因子
大丈夫？
少し楽になった…
保護因子

子どもへの支援を検討するときには、「ファクターマネジメント」の考え方が重要になります。日ごろから、子どもを刺激して行動を引き起こす次の2種類のファクター（因子）を特定し、コントロールしなければいけません。

①危険因子（問題行動の引き金になる〝敵〟）

たとえば、「リコーダーの音でパニックになる」「クラスメートのAくんがいると、必ず教室を出てしまう」という場合は、「リコーダーの音」「Aくん」が危険因子になります。こうした因子を減らす（あるいは子どもから遠ざける）のが支援の方策になります。

②保護因子（問題行動を抑制できる〝味方〟）

「イヤーマフがあれば、音でパニックになることはない」「Bさんに背中をさすってもらうと少し落ち着く」という場合、「イヤーマフ」や「Bさん」が保護因子になります。保護因子を増やしたり、近づけたりすることが支援につながります。

大人は保護因子を見落としがちですが、支援のヒントは保護因子のなかにこそ隠れています。保護因子をたくさん見つけておくと、支援が容易になるのです。

17

すぐサポートできるように①

「表情」「眉間のしわ」を見る

こんな顔になっていたら配慮を

一般に「顔に出る」といいますが、その人が感じていることは、表情を見ればけっこうわかるものです。いいこと・楽しいことに遭遇すれば笑顔になるし、不快なこと・面倒なことに遭遇するとしかめ面(つら)になるのは、大人も子どもも同じです。

顔をマメに観察していれば、その子が何を感じているか、なんとなくわかるはずです。だから私は、子どもの「表情」を細やかに観察するようにしています。

たとえば、「ちょっと表情がくもった」「眉間にしわが寄った」というのは、その子がしんどい思いをしている、というサインです。だから、私はすぐ子どもに関わるようにしています。

といっても難しいことをするわけではなく、タイミングを見てスッとそばに寄って、

「大丈夫？」

「ちょっと休んだほうがいいかな」

と声をかけるだけです。そのあと休むか否(いな)かを決めるのは、子ども自身の判断や、そのときの状況などによって変わってきますが、ともかく、**〈大人に声をかけてもらえた〉〈見てもらえているんだ〉という安心感で、子どもの表情は穏やかになります。**

日々の関わりのなかで行われる、こんなちょっとした配慮が、大人への信頼感につながるのです。小さな心遣いですが、最も大切なことだと私は思っています。

18

すぐサポートできるように②

「目つき」「呼吸」などを観察

こんな3つの変化に注意

イヤな状況、耐えがたい状況に遭遇すると、子どもは、

・**暴れだすなど、実力行使で「イヤだ！」とアピールする（闘争）**
・**何もかも放り投げて逃げようとする（逃走）**

という反応を示します（この項では、2つの反応をまとめて「トウソウ」と書きます）。

発達障害のある子は集団が苦手なことが多いので、たとえば人が大勢いる場所へ出かけたり、学年全体で運動会の練習をしたり……といった機会に、この「トウソウ」の兆候が出る場合があります。具体的には、

・**目が吊り上がる、目つきが険しくなってくる**
・**呼吸が変わる（息が荒くなる、肩で大きく息をしだす）**
・**落ち着かなくなってくる**

こういったものが「トウソウ」反応です。逃げ場や安心できるよりどころがないから、そんな反応が起こるわけです。

「トウソウ」反応は、パニックや興奮の前兆なので、大人はすぐサポートに入りましょう。具体的な方法は第7章に譲りますが、ともかく、「目つき」「呼吸」には注意を払うようにしなければいけません。よく覚えておいてください。

19

問題行動が起こったら①

必ず「測定」してデータをとる

子どもの行動を「問題行動を起こした／起こさなかった」という二元論だけで見てしまう大人がずいぶん多いように感じます。

ただ、この見方はちょっと単純すぎます。問題行動のあと、再発を防ぎたい・行動の原因を取り除きたいと思ったら、一度は行動を「**測定**」してみなければいけません。

何度も問題行動が起こる場合は、次の点に注意してノートなどにメモをとり、子どもの言動をデータ化するようにしましょう。

①何回起こったか数を数える

保護者や教師から相談を受けたときに、

「その問題行動は何回起こっていましたか？」

と聞くと、「1回」とか「忘れた」と答える人が多いのですが、これではせっかくの出来事が単なる印象で終わってしまい、あとに活かせません。

たとえば友達を叩く子がいたら、「Aくんを何回叩いたのか」といった具合に、具体的な人や回数などをカウントしておきましょう。

②増減を把握する

一日、一週間、あるいは一ヵ月といった時間のなかで、何度その問題行動に及んでいたかを数えてみてください。

たとえば「叩く」という問題行動があると感じたら、その子の行動を観察して、一日一日の増減をグラフ化し、ノートに記録してみるのもいいでしょう。そうすると行動の増減を客観的に把握でき、傾向がつかめるようになります。すると、問題行動の原因となった因子も特定しやすくなってきます。

③継続時間を測定する

時間的に長く続く問題行動については、必ず継続時間を計るようにしてください。

たとえば、授業が始まってしばらくすると立ち歩いてしまう子がいたとしましょう。そ

の際はたとえば、

「授業に『5分くらい』しか参加できなかった」

といったように、具体的な時間を把握するようにしてください。

「ちょっとしか参加できなかった」

「今日は、まあまあ長い時間、参加できた」

といった把握のしかたでは、あいまいになってしまいます。「ちょっと」「まあまあ」が指す時間の幅は人によってまちまちなので、客観的な「時間」を尺度にする必要があるわけです。


参考までに、次ページに記録の一例を掲載しておきます（実物を公開することはできないので、私が実際につけた記録をもとに再現しました）。

ここで紹介したのは「暴言・暴力」が出る回数と、その変化を測定するための記録ですが、それぞれの子が抱えている課題に合わせて、使いやすい書式を自分で工夫してつくることをおすすめします。データの収集・取りまとめが容易になると思いますよ。

子どもの行動をカウントするための記録の一例

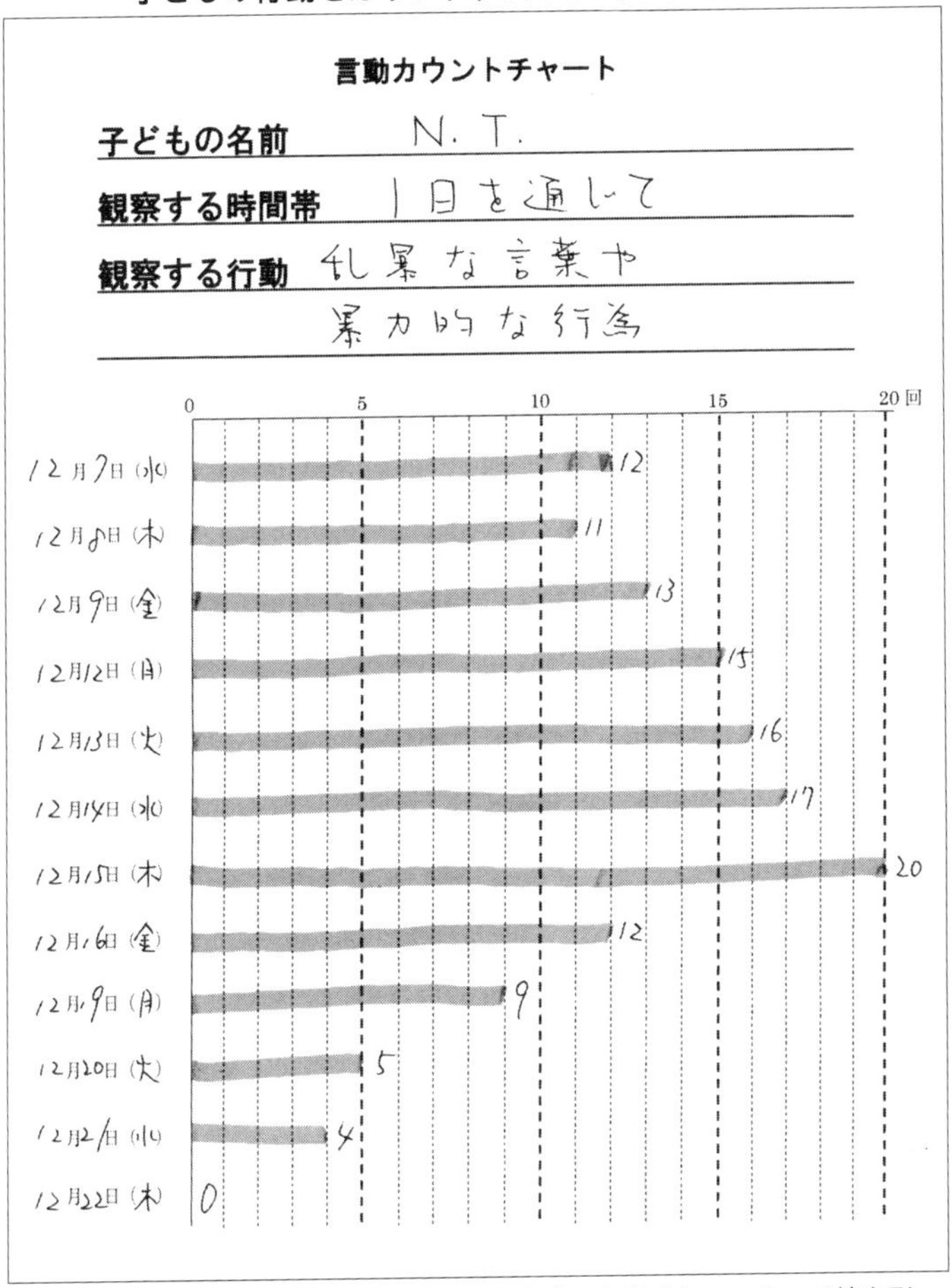

実際の記録をもとにした再現。パソコンで作成した書式にマーカーで線を引くと、棒グラフができるようになっている。このN.T.児の場合は乱暴な言動の回数を測定したが、12月15日を境に問題行動が減っているとわかった。このような傾向がわかれば、12月15日以前・以後で何があったか振り返ることで、よりよいサポートを模索しやすくなる

20

問題行動が起こったら②

集めたデータを分析する

問題行動を測定してデータがそろってきたら、次は「分析」をしてみてください。私は、とくに次の2点に注意を払って分析を行っています。

①曜日による増減はあるか

曜日による増減がある場合は、「家庭環境」か「特定の教科」の影響が大きい可能性が高いです。たとえば、

・理科がある日は増える

・金曜日よりも月曜日のほうが多い

という傾向が見えてくれば、「理科が苦手だから苦痛を感じているのではないか」「月曜日には何か行動を誘発する原因がありそうだ」などの予測ができます。

②増減の傾向がバラバラなら

曜日ごとの傾向が観察できない場合は、生活環境が原因で問題行動が発生しているのかもしれません。たとえば学校であれば、

- **近くにいる子と仲が悪い**
- **いつも聞こえてくる音などの刺激への過敏性がある**
- **行事など集団内で起こっている変化への抵抗感**

など、その子を取り巻く環境をチェックします。そして、その子が生活しやすい環境へと少しずつ調整していきます。

支援が成功だった場合、その行動は減っていくでしょう。

変化がない場合は、支援のしかたを変更していく必要がありますが、効果のない方法をひとつ除外できるので、そのぶん次の方策を考えやすくなります。

21

厳しく注意するより▼▼▼「気づかせる」ようにしよう

事例　子どもに「気づかせる」

イラストの子を見てください。一生懸命、勉強に取り組んでいてすばらしいですよね。

でも、片足が座面の上にのって、半分だけ「体育座り」みたいな状態になっています。

これは集中するときの癖のようなもので、とくにＡＤＨＤの子に多い座り方です。いかにも窮屈ですから、改善してあげたいところですが、「足をおろしなさい」と大人が指示するのは高圧的かつ否定的で、成長につながりません。

私だったら、「集中してるね」と、子どもに共感し、認める声かけをしながら、マンガのようにスッと足に触れます。触れることで〝足をおろさなきゃね〟と子ども自身が気づくように導くのです。手のひらで触れることもありますが、感覚過敏がある子の場合は、手の甲でごく軽くタッチするだけにします。

すると子どもは、「あっ！」と気がついて足をおろすでしょう。そうしたら、

「気がついたね、えらいね、でも集中してたんだよね、わかるわかる」

と子どもをほめます。

できていること（ここでは「集中」）に共感しつつ、自分で気づいて直すように導けば、〈この人はぼくを支えてくれている〉という安心感が子どもの心に芽生えます。だから「注意」「指導」ではなく、「気づかせてあげる」ほうがいいのです。どんなときも、できるだけ「子ども自身が気づくよう、導く」つもりで関わりましょう。

22

子どもと話すときの原則①

大人は必ず「CCQ」を保つ

△ほめてはいるけれど

この対応では、子どもには伝わりにくいのです！

忙しい大人は、つい、マンガのように離れたところから指示を出したり、何となくほめ言葉をかけたり、といった接し方をしがちです。でも、それではいけません。

発達障害がある子とコミュニケーションをとるときの基本は、

Calm（カーム）＝穏やかに
Close（クロース）＝近づいて
Quiet（クワイエット）＝静かに

です。頭文字をとって「**CCQ**」と呼んでいます。CCQは「ペアレント・トレーニング」というアメリカ発の支援プログラムの基本スキルですが、大前提としてこれが守られていないと、何を言っても通じないと思ってください。マンガのように、たまたま指示が伝わることは、あるかもしれません。でも、そのあとの「ほめ言葉」は、おそらく子どもの脳には届いていないでしょう。

伝えたいことを確実に子どもに届けたいのであれば、必ず近くに行って、目を合わせて、穏やかに伝えなければいけないのです。

ちなみにCCQは、大人に対する戒めでもあります。大人が先に興奮しては、しつけや教育などできません。**「子どもより先に興奮しない」というのも、大人が身につけておきたい大切なスキルです。**CCQを心がければ、そのような姿勢が自然と身につきます。

23

子どもと話すときの原則②

「一時一事」で伝えよう

事例 指示が多すぎる！

「散らかし放題」「宿題をしない」「明日の学校の準備もできてない」――そんな子どもを見るとついイラッとして、矢継ぎ早に指示をしてしまうことがありますよね。

しかし、発達障害の子に次々に指示を出しても通じません。それどころか、マンガのようにフリーズしてしまいます。なぜそんなことが起きるのでしょう？

子どもの脳のなかで何が起きているか、ちょっと考えてみましょう。

まずは大人に「片づけをしなさい！」と言われて、「はい」と返事をします。

このとき子どもは「今やっていることを中断する」ということに集中します。今やっていることに「区切り」をつけないと納得できないので、目の前のことだけを見て、なんとかやめようとするわけです。

そのタイミングで、大人から次の言葉が入力されます。

「それに宿題もしてないよ」

すると子どもの脳は、〈そうだ！　やってなかったな！〉と宿題のほうに切り替わってしまいます。

しかしここで、さらに立て続けに、「明日の準備はしたの？」と聞かれると、もう切り替えが追いつきません。ワーキングメモリが弱い（18ページ参照）ため、**「どの言葉に注**

目していいかわからない」状態になって、フリーズしてしまうのです。

これは、大人が「やってほしいこと」を続けて伝えたのがよくなかったのです。

指示を出すときは、「ひとつの時に、ひとつの事だけを伝える」ようにしてください。

これは、かつて日本一の教師と言われた向山洋一（むこうやまよういち）先生（日本教育技術学会名誉顧問）が**「一時一事の原則」**と名づけたものです。やってほしいことはいろいろあると思いますが、ひとつのことを伝えたらいったん我慢。終わってから次に移りましょう。

「一時一事」のイメージ

宿題をしよう
うん
ドリル
明日の準備をしよう
もちもの
•れんらくちょう
•ふでばこ
•したじき
•ハンカチ
•ティッシュ
じかんわり
月火水木金

24

子どもと話すときの原則③

「隠れ指示」「最後の言葉」に注意

前項を読んで、〈「一時一事の原則」なら、もう知ってる〉と思った読者もいたことでしょう。類書にも登場するので、「当たり前のこと」のように見えますが、もう一歩、踏み込んで考えてみたいと思います。

実は、「一時一事」に見えて、実はそうはなっていない、という指示を大人が出しているケースは、けっこうあります。「指示の意味がひとつに絞られている」必要があるのに、そうなっていない場合があるのです。具体的には以下のとおりです。

①複数の指示が隠れている

冬のある日のこと。ADHDがある「サクラさん」が学校に到着しました。担任の先生が声をかけます。

「隠れ指示」があった

この事例では、「カバンを置いて準備をしようね」という指示が微妙でした。「準備」という言葉のなかに、「コートを脱いで、カバンの中身を出して、机のなかに入れて……」という、隠れたままの指示（隠れ指示）があったのです。

指示がワンフレーズなら、何でも一時一事になる、というわけではありません。「2つ以上の内容が隠れている指示」は、一時一事ではなくなってしまうのです。

②最後の言葉やフレーズが残る

算数の授業が始まりました。今日のサクラさんは、授業にしっかり集中できています。ノートを開いてエンピツを持ち、先生の指示を待っています。

この授業で先生は、足し算を教えるため、児童に次のように伝えました。

✕ 最後のフレーズが残る

式がわかりましたね
ノートに
書きましょう
13+2
13+2ですね
この指示なら
わかるでしょう
先生!
何をすれば
いいですか?

先生は、「13＋2という式をノートに書きましょう」と言いたかったのです。そこで先に「(式を) ノートに書きましょう」と伝えました。さらにその直後、指示をより明確にしたいと考えたのです。だから「13＋2ですね」と言い足したんですね。

これは、配慮としては悪くないですし、一時一事の原則どおりにも見えるでしょう。ところが、ワーキングメモリが弱い発達障害の子には、**「最後の言葉やフレーズが残りやすい」**という特性があります（21ページ参照）。

サクラさんの場合、先に言われた「ノートに書きましょう」という指示の記憶が「13＋2」という指示で塗り替えられてしまったため、何をすればいいかわからなくなってしまいました。だから、

「先生！　何をすればいいですか？」

という質問が出たわけです。

以上2つの事例と似たようなことが、家でも学校でもしばしば起こっています。一時一事で伝えたつもりなのに、子どもが理解してくれないときは、自分がどんなフレーズで伝えようとしたか、少し振り返ってみましょう。

25

「ハイタッチ」してみよう

子どもの気持ちを見抜く方法▼▼▼

A

B

右のイラストのようなことを、私は単なる触れ合いではなく、「ハイタッチ・アセスメント」として行っています。たったこれだけで、読み取れることがいろいろあるのです。

Aの「バチーン！」と強くタッチする子は、エネルギーがあり、強い刺激を欲している子ではないかと推測できます。元気のよさが裏目に出て、騒いだり、立ち歩いたり、イライラした拍子に友達に手が出てしまう可能性もあるでしょう。

さらに、〈この強さでは、相手が痛いだろう〉と察する力が弱いことも推測できます。

Bのような子は、弱い刺激を好むタイプの子だと推測できます。このような子は、「大きな音」「たくさんの人」などいろいろな感覚刺激が入ってくる場所が苦手で、さらに対人関係にも不安を抱えている場合がほとんどです。集団活動や友達との関係などで、配慮が必要になるかもしれません。

学校では4月になると学年が変わり、教師は児童と初対面の状態になります。だから私は、4月にこのハイタッチ・アセスメントを教師にすすめていますが、家庭で保護者が、そのときどきの子どもの気持ちを推測するために使ってみてもいいと思います。

日々、ハイタッチをくり返し、その強さを観察していくと、子どもが人や環境に慣れたかどうか、ひとつの目安にできます。子どもが環境に慣れ、楽しく過ごせていればハイタッチも力強くなるし、疲弊していれば弱くなるでしょう。ぜひ試してみてください。

コラム

小学生にSSTは必要か

発達障害の療育方法としてよく知られているのが、SST（ソーシャル・スキル・トレーニング）です。これは、社会生活を送るうえで必要なスキルを、ロールプレイなどを通じて学んでもらうトレーニングです。

よく行われるのは、「ほかの人に上手にお願いをする」「気分を害さないように断る」など、コミュニケーションの練習ですが、私は、小学生の子にそのような療育を無理に行う必要はないと思っています。ソーシャルスキルは、それが本当に必要になる16～18歳くらいの青年期のほうが、身につきやすいからです。

こだわりが強い子や、叱られて傷ついた経験がある子はとくにそうですが、小学校低学年くらいの子には、ソーシャルスキルはなかなか身につかないことが多いのです。

無理にSSTを実施するより、まずは、その子の持つ「こだわり」との上手なつきあい方を見つけたり、子どもから信頼してもらえるような関わり方を大人がして、いい関係を構築することを優先したほうがいいと思います。

第3章

現場で本当に効果があった「ほめ方・教え方」

26

知っておきたい基本ルール①

「ほめる」ときのポイント5つ

○ 名前を呼び具体的に

タケシは字をていねいに書いていてえらいな!

× 頭をなでてほめる

えらいな!

大人はなぜ、子どもをほめるのでしょう？　それは、次も同じような「望ましい行動」をしてほしいから、です。

発達障害がある子も定型発達の子と同じように、「ほめる」ことで望ましい行動ができるようになります。また、望ましい行動が増えれば、問題行動は自然と減っていきます。

ところがなかには、「刺激を受け取りにくい」という特性がある子もいます。また、何が「望ましい行動」なのか未学習（22ページ参照）の子もいますから、大人がなんとなく「すごい」「えらい」と言うだけでは、何をほめられたのかもわからず、無意味に終わってしまうでしょう。

ほめるときは、「望ましい行動」を強い刺激（はっきり聞こえる声、身振り手振りなど）で、子どもに「入力」しなければいけません。

強い刺激で入力することを、行動の「**強化**」と呼びます。ほめることで強化された行動は、また次の機会に出やすくなり、さらに、それがいったん身につくと失われにくくなります。この現象を「**強化の原理**」と呼びます。

行動を強化し、身につけてもらうためにも、「君は今、ここを評価されているんだよ！」と、間違いなく伝わるほめ方を心がけましょう。具体的には、次のページに掲げた5つを守ってください。

①名前を呼んでほめる（特定化）

名前を呼ばれないと、子どもは「自分がほめられている」と認知できないこともあります。ほめ言葉を言う前に、「○○くん」とその子の名前を呼び、こちらに意識が向いたことを確認してからほめましょう。これだけで、伝わり方がガラリと変わります。

②すぐほめる（即時性）

ワーキングメモリが弱い発達障害の子には、「あとでほめよう」が通用しません。自分がしたことを忘れてしまう場合もあるのです。必ず「その場で」「その瞬間に」ほめましょう。素早く・スパッと・タイミングを逃さずほめるのが大切です。

③具体的にほめる（明示性）

「座った姿勢がきれいで、すばらしい」

「今のやり方が、とてもいいね」

「大きな声で発表できたのはえらい」

など、ほめ言葉のなかで具体的に何がよかったのかを伝えるようにしましょう。単に

「すごい」「すばらしい」という言葉を子どもに投げかけるだけでは伝わりません。

④増えてほしい「望ましい行動」を言葉にする（言語化）

問題行動や望ましくない行動が目立つ子を前にすると、大人はどうしても「指導」「注意」をしがちですが、「××はダメ！」と伝えるだけでは、「××」という望ましくない行動ばかりが子どもに入力されてしまいます。

増えてほしい「望ましい行動」を言語化して入力してあげましょう。そう心がけるだけで自然に「ほめる」機会が増えるはずです。

⑤やっていることをそのまま述べる（事実の指摘）

「ほめるところが見つからない！」という場合は、その子がやっていることを、そのまま言葉にしましょう。たとえば何かをノートに書いているときは、

「書いてる！　書いてる！」

こうやって笑顔でリズムよく、2回くり返して事実を言葉にすると、それだけでほめ言葉になります。これなら、「座ってる！　座ってる！」「きれい！　きれい！」など、いくらでも思いつくでしょう。

27

知っておきたい基本ルール②

「教えっぱなし」でいこう

発達障害の子に接するときは「教えてほめる」を心がけなければいけませんが、ここにつけ加えると、「教える。けど、すぐにできると期待しない」という心がけも大事です。

大人がインプットしても、なかなか行動には出にくいのが発達障害の子の特徴です。**だから大人は、「教えっぱなしでいい」くらいの気持ちでいましょう。**

とくに教師は、「すぐになんとかしたい」「変化してほしい」「目の前で解決したい」と焦る悪い癖がありますが、そういう気持ちでいると言葉がきつくなり、子どもとの関係が悪くなるばかりです。

「教えたけど、ま、できないよね。もう1回教えてあげるか」くらいに構えておいたほうが、穏やかに子どもに接することができます。

たとえば、こんな事例がありました。友達に手を上げてしまった子のケースです。

事例 友達を殴ったタカシくん

問題行動の「翌日」は、タカシくんには「さっき」でした。そんな、ちょっと変わった時間感覚を持っている子もいます。また、その子にとって難しいスキルは、教えてもなかなか身につきません。だから時間がかかるのです。

それでも、大人が教えたことは、いずれきっと活きてきます。子どもを信じて、気長に「教えてほめる」をくり返しましょう。

28

知っておきたい基本ルール③

「目を合わせてきたら」ほめる

○ ほめるチャンス到来

え〜と
国語と算数と〜
できた！
ちらっ
自分で
明日の準備が
できてえらい！

目が合ったときは絶対にほめましょう。

子どもが「望ましい行動」を起こした直後にこちらを見るようであれば、それは「すぐ」ほめるべきタイミングです。

言いかえると、**「目が合った瞬間に必ずほめる」**――これが大事なのです。92ページに書いた「即時性」が強く求められる場面です。

ほめるタイミングを逃している親や教師は、意外と多いようです。望ましい行動をしたあと、子どもが目を合わせてきたら、そのときは必ず、何よりも優先して子どもをほめてください。タイミングを逃すと、望ましい行動を強化できません。

ですが、早すぎてもいけません。

たとえば、子どもがこちらに目を向けることもなく、望ましい行動を続けている場合。そのような場合は、そばで見ていて、一区切りついたところで、

「さっきのあの○○（行動）、よかったよね」

というように、子どもに行動を思い出させながらほめるといいでしょう。**子どもが何かをしている最中に、それを中断してまでほめる必要はないのです。**

29

知っておきたい基本ルール④

偶然起きたことは「ほめない」

✕ 必要のない「ほめ言葉」

それでね
あのね
アハハハハ
楽しそうにしてるな……
元気な声でいいねえ！

こういう「ほめる」はNGです！

このマンガのように、大人は「たまたま目の前で起きていること」をほめる場合がありますが、子どもの偶発的な行動は、「ほめない」ことをおすすめします。

たとえば、「元気な声」をほめられたマンガの女子は、〈元気な声を出せばほめられるんだ！〉と誤学習（26ページ参照）して、その後、どこでも大声で話すようになるかもしれません。そうなっては困りものです。

子どもを「ほめる」のは、その子が「望ましい行動」をしたときです。とくに、その子が意識してできたときや、大人が教えたスキルをうまく発揮できているときです。

偶発的な行動をほめる場合は、それが「次もしてほしい行動かどうか」をよく考えて、その行動を強調してほめてください。たとえば子どもが廊下を静かに歩いていたら、「○○くんが廊下を静かに歩いていていて、先生とっても気分がいいよ」とほめるのはＯＫです。廊下はいつも静かに歩いてほしいですからね。

「ほめる」のは、子どもの望ましい行動を強化する「手段」です。ほめること自体を「目標」にして、偶発的な行動をどんどん評価してしまうと、誤学習が生じやすくなるので注意してください。

30

言葉を確実に届けるために▼▼▼

きっちり「圧」をかけよう

○ 必ず伝わるほめ方
そうだねっ！

× これでは心もとない
そうだね～

ほめ言葉は、子どもの脳にズバッと届けるつもりで発しましょう。

子どもを「ほめる」ときには、必ず「**エネルギー高め**」を心がけてください。控えめにほめても、子どもの脳には届きません。

とくに保護者のほめ方は、私から見ると「物足りない」ことがあるので、意識的に強くほめてほしいと思います。

私はこれまで、アメリカで何度か特別支援教育の現場を視察しました。視察のなかで、現地の一般家庭の保護者と話したこともありますが、アメリカの親は、とにかく子どもを「ほめまくる」のが印象に残りました。

「世界一の子だ！」

「お前は最高だ！　お前以上の子はいない！」

といった具合に熱烈にほめるんです。注意・叱責する場面は、ほとんど見たことがありません。重度の障害を抱えた子の親ほど、自分の子を誇りに思って、より熱烈に子どもをほめる傾向がありました。実に衝撃的な体験でした。

日本では、気を遣って謙遜（けんそん）して、控えめにほめる人が多いように思います。でも、そんな妙な遠慮は捨ててしまいましょう。

発達障害がある子は、ふつうに生活しているだけで、十分、ほかの子よりがんばっています。だから強烈に、エネルギー高めでほめるくらいが「ちょうどいい」のです。

では、どうすれば「エネルギー高め」のほめ方になるでしょうか。

私は教員向けのセミナーで、教師の基本的なスキルとして「**子どもに圧をかける**」方法を教えています。

プレッシャー（重圧）をかけるわけではありません。大人の「ほめたい気持ち」を、高エネルギーの行動と言葉に変換して、子どもに確実に届けましょう、と言いたいのです。

具体的にどうするかというと、まずグッと半歩前に出ます。そして、

「そうだねっ!!」

と、エネルギー高めで、大きな声ではっきりと言うのです。

❶半歩前へ

❷大きな声で

これが「圧をかける」ということです。ここまでしないと言葉が伝わらない子もいるのです。

このスキルは、とくに教師には大切です。教師はひとりで20～30人の子をまとめなくてはなりません。つまり、20～30人に伝えられるだけの〝熱量〟が必要なのです。

たとえば学校の授業を考えてみましょう。子どもが発表した答えが正解だったとき、教師がなんとなく「そうだね～」と言うだけでは、発達障害がある子には伝わりません。中途半端なほめ方だと、発表したあと、席を立って「立ち歩き」を始めてしまう子もいます。

だから私は、とくに新卒1年目くらいの先生には、

「圧をかけろ、圧でいけ」

「近くに行け、声を届けろ」

と教えているのですが、保護者にも、ぜひこの「圧をかける」方法を使ってほしいと思います。

31

ほめる点を見つけるために▼▼▼

「前後比較」しよう

○ 前と比べてほめる

前のテストより10点も上がったね！

△ 現状だけをほめる

テストよくがんばったね

過去と比べてほめたほうが、子どもも成長を自覚できます。

子どもがある行動をしたとき、「ほめる／ほめない」を決める基準はどこにあるのでしょう。常識に照らして「いい行動」だったらほめるのでしょうか？

私は、ほめる基準は「子どもの成長」にあると思います。

過去のその子と比べて、今のほうができると感じたら、それこそほめるチャンスです。

言いかえると、過去と現在を比較する**「前後比較」でほめるのが大事**、ともいえます。

「前回よりもきれいに雑巾ががけができてるね！」

「今の返事は、先週よりも気持ちいいね！」

というように、前よりもよくなったことを強調するほめ方は、効果も出やすいのです。

よく、「どこをほめていいかわからない」「ほめるところが見つからない」という人がいます。そういう人は、自分を（つまり、大人の見方を）ほめる基準にしてしまっているのでしょう。あるいは、「これくらい、できて当たり前」と思っているのかもしれません。

どちらもNGです。私たちにとっては当たり前のことを、発達障害がある子の多くは、大きなエネルギーを使って実行しています。

「誰でも当たり前にできること」は、発達障害がある子にとっては「すごいこと」なのです。そう思って接すれば、いい行動を見逃すことはなくなります。

32

より具体的にほめるために

「回数」で前後比較しよう

△ おしいほめ方

マンガに出てくる大人のほめ方は、悪くありません。「望ましくない行動をやめられた」のは確かに「ほめる」ポイントですし、私が前項で書いた「前後比較」もできています。でも欲を言えば、もう一言加えるとよかったと思います。たとえば、

「昨日は、5回でやめられたけど、今日はたったの2回でやめられたね！　すごい！」

と、具体的な数値まで使って前後比較すれば完璧でした。

なぜかというと、「前回よりも少ない回数でやめることができた」という、より具体的なポイントが子どもに伝わるからです。

マンガのような場面では、「子どもができるだけ少ない注意で行動の切り替えができる」ことが理想的な状態となります。

〈「より少ない回数で遊びをやめられた」ことが評価された〉と子どもが認識すれば、次回は1回注意されただけで遊びをやめようとするかもしれません。

だからこそ、慢然とほめるのではなく、**「理想に近づけるために『何を』ほめるべきか」という視点があると、子どもの行動の見え方が変わってきます。**すると、自然によりよい「ほめ方」ができるようにもなるでしょう。

33

学んでほしいことがあるなら▼▼▼

「スキル」をつけ加えてほめる

△ おしいほめ方

ジャー
水道で遊ばないで！
キュッ
ジャー
何度も止めたり出したりしてる
キュッジャー
蛇口をひねって止められる？
はい
キュッ
止められたね

「ほめる」ことは、たいていの場合、子どもがした行動の「結果」を称賛するために行われます。マンガに出てくる大人も、水道で遊ぶのをやめられたことを称賛するために、「ほめ言葉」を使っていますよね。

そのような、結果を称賛する「ほめ方」も悪くはありませんが、欲を言えばもう少し味つけが欲しいところです。

なぜ「子どもをほめる」かというと、それは「望ましい行動をしてほしいから」です。であれば、「止めることができた」という結果だけではなくて、**望ましい行動やスキルをもうひとつ余分に見つけて、「ほめ言葉」のなかに埋め込んで伝えると、なおいいでしょう。**

たとえば私なら、「止められたね」の前に、次のように言うと思います。

「すごい！　『はい』という返事ができた！」

こうすると、〝何か言われたら「はい」と答える〟というスキルを強化できます。そうやって地道にスキルを強化することで、別の機会にも「返事をする」という「望ましい行動」が出やすくなるのです。

34

信頼関係を構築したいなら▼▼▼

「信じていた！」とほめる

以前、発達障害の子たちを対象に、「どんな大人なら信頼できますか？」というアンケートを行ったことがあります。最も多かった回答は、「私のことをわかってくれている大人」でした。

だとすれば、「君のこと、わかってるよ！」というメッセージのこもった言葉をかければ、子どもから、より信頼してもらえるかもしれない――そう考えられますよね。

そのような、「君のこと、わかってるよ！」というメッセージのこもった「ほめ言葉」を3タイプ紹介しておきましょう。

①「期待していた」と伝えながらほめる

例　「○○さんなら、この問題が解けると思っていたよ。さすがだね！」

「期待していたよ」という言葉は、最高のラポール（信頼関係）を構築するきっかけになる要素です。このあとの③で紹介する、「信じていた」にも通じるものがあります。

②「前から見ていた」と伝えながらほめる

例　**「〇〇くんは、先月と比べてさらに雑巾がけがうまくなったね！」**

前後比較で「ほめる」ことの大切さはすでに書きましたが（104ページ参照）、過去を話題にすることで、「以前から君のことを気にかけて見ていた」というメッセージを伝えることもできます。子どもの立場からすると、「ぼく（私）は、しっかり見守ってもらえているんだ」と実感できるはずです。

③「信じていたよ！」と伝える

例　**「〇〇さん、イライラを抑えられたね。できると信じてたよ！」**

「信じていた！」と、ド直球で言うのもいい方法です。信頼関係を築きたいという気持ちが、これほど相手に伝わる言葉はほかにないでしょう。

35

より効果の高いほめ方①

「ほめられ方」を教えておく

事例　なぜそんなことを!?

新学期の4月
!
サトミさん画びょうを取ってくれたの?ありがとう
バララ
エッ!!なんでぶちまけるの!?

マンガで紹介したのは、私が実際に経験した事例です。この子はきっと、「ほめられた経験」が少なかったのでしょう。だから、ほめられて、どうしていいかわからず、画びょうをぶちまけてしまったのだと思います。実際、この子自身がこう言っていました。

「ほめられたあと、どう行動していいのかわからなかった」

こういう「未学習」からくる行動まで問題行動に含めるのは酷ですよね。怒ったりせず、大人が「反応のしかた」を教えてあげましょう。私はこの子に、

「ほめられたら、『ありがとう』って言えばいいよ」

と伝えました。ほめられたときに「ありがとう」と返すスキルを身につけるだけで、それ以降は「ほめられたこと」を受け入れられるようになる子もいるからです。

つけ加えておくと、次に同じ子をほめる機会があったら、ほめる直前に、

「いい？　今から君をほめるからね」

「これから君をほめるから、そうしたら、『ありがとう』って言ってみよう」

などと予告すると、なおいいでしょう。これだけで次の見通しが立つので、子どものほうに心構えができ、大人からのほめ言葉を受け入れやすくなります。

36

より効果の高いほめ方②

「点数」だけでほめる

より伝わる言葉
今日の拭き方は90・・・点！合格!!
伝わりにくい言葉
しっかり拭けたね！

同じ「ほめる」でも、具体的に数値化するだけで効果がまったく変わります。

生活のなかでは、反復して行われるルーティンが必ずあります。学校だと、ほうきがけや雑巾がけが毎日必ずあるはずです。これらのルーティンをきちんとやってもらいたいと思ったら、**点数をつけて具体的にほめる**ようにするといいでしょう。

たとえば、家庭で上手に「テーブル拭き」をしてもらいたいという場合は、まず大人が上手な（つまり、１００点の）拭き方を教えます。その後、「１００点満点中の80点で合格」のように、合格の基準を子どもと申し合わせましょう。

そして次の機会に、子どもがテーブルを拭いたら、**余計なことは言わずに点数だけを伝えます。**たとえば「今日は70点！」とか、そのくらいでOKです。

ここでもし、拭き方が〝いまひとつ〟だったときは、

「『80点』の拭き方にしましょう」

と声をかけ、また取り組んでもらえば、子どもも気分よくやり直しができるはずです。

逆に、とても上手に拭けたという場合は、

「今日のテーブルの拭き方は90点。合格！」

と、より具体的にほめることもできます。点数化すると伝わりやすいし、前後比較もしやすくなりますよね。だから数値化したほうがいいのです。

37

より効果の高いほめ方③

「視覚」「触覚」に訴える

「とりあえずほめるだけで、いい教師だ」

これは私が師と仰ぐ向山洋一（むこうやまよういち）先生（日本教育技術学会名誉顧問）の言葉ですが、これはすべての大人に当てはまることかもしれません。

とりあえず叱るよりは、とりあえず「ほめる」親、教師でいたいですよね。

ただ、いい「ほめ言葉」がスムーズに思い浮かばなかったり、声を出しにくいタイミングもあると思います。たとえば病院の待合室など、静かにすべき場所で子どもをしっかりほめるのは、なかなか難しいことでしょう。

そういうときの備えとしておすすめなのが、次ページのような、「**ほめるための支援カード**」です。このようなカードをあらかじめ用意しておいて、声を出しにくい場所ではカードを見せて子どもをほめてあげましょう。

また、声を出せる場所で子どもを言葉でほめながら、同時にカードを見せるのもおすすめです。発達障害がある子は、音声より視覚情報のほうが理解しやすいので、より確実に「ほめてるよ！」というメッセージを届けられるのです。

さらに、**「ジェスチャー」「ボディタッチ」**など、触覚に訴えるように心がけるのもいいでしょう。いちばん手っ取り早いのは**ハイタッチ**ではないでしょうか。

なお、**ボディタッチをするときに、子どもの頭をなでるのはNGです。**上から頭に手を置かれると、発達障害がある子は圧迫感や恐怖を覚えます。横から手のひらで肩を軽く触る、といった程度がちょうどいいようです。

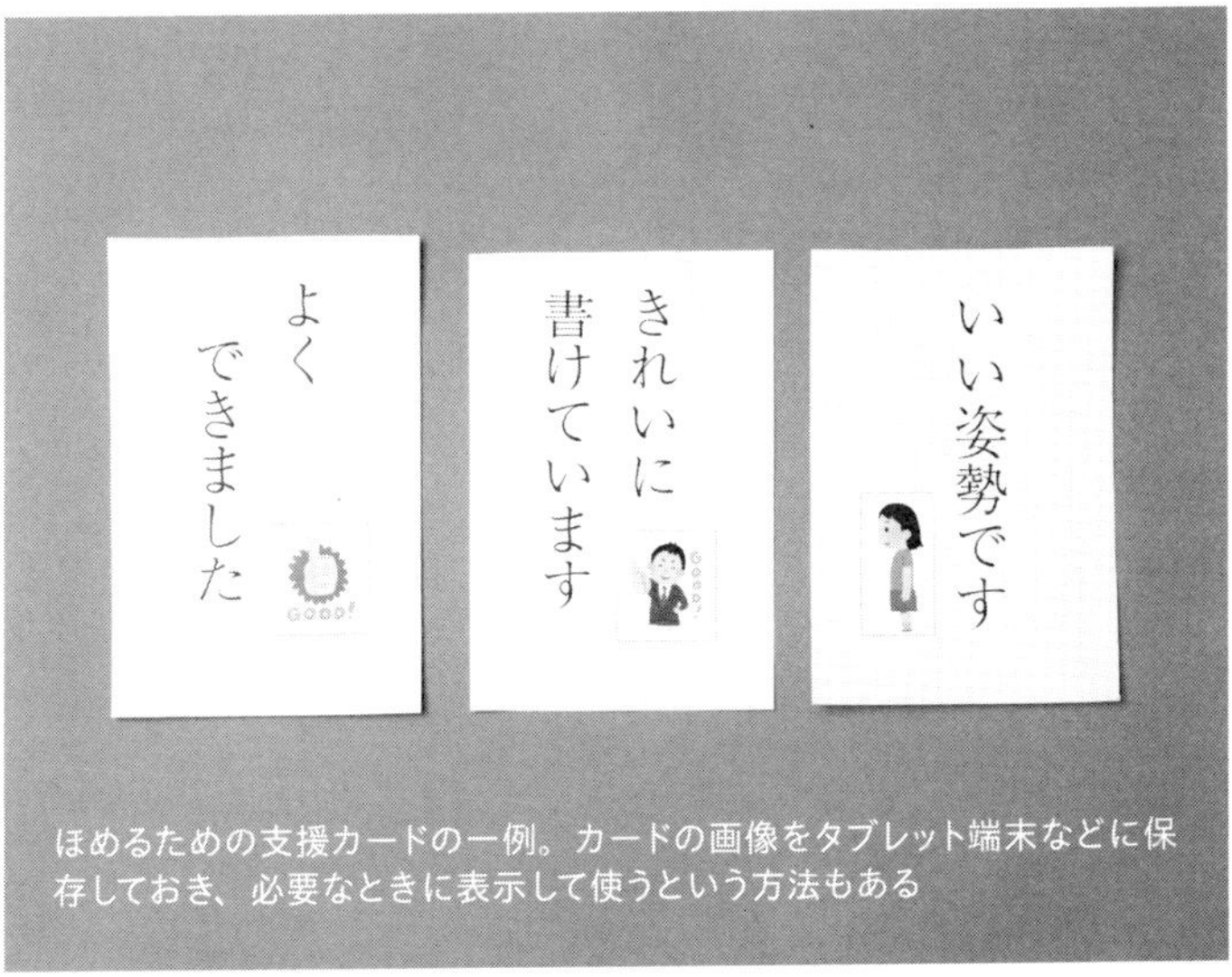

ほめるための支援カードの一例。カードの画像をタブレット端末などに保存しておき、必要なときに表示して使うという方法もある

38

効果を持続させる工夫①

共感の「そ言葉」を使おう

△ 同じ言葉では飽きる

おっ！宿題やってるのか
えらい！
1カ月後
えらい！
3カ月後
えらい！
ふあぁ～

こういう「飽き」を生じさせない、いい方法があります！

大人が発するほめ言葉がいつも同じだと「ほめる」はワンパターン化しやすく、子どもが飽きて効果がなくなってしまうので注意しましょう。

ワンパターン化が気になったら、「共感・共有のほめ言葉」を使ってみてください。具体的には、「そ」のつく言葉を使うといいですよ。たとえば、次のような言葉は有効です。


「それいいね！」　「そうだよね！」

「そう思う！」　「そうか！」

「そう、そう！」　「それ、それ！」


優秀な教師であっても、ほめ言葉のバリエーションに困ることがあります。日々、子どもと接している保護者も、「どうほめようか」と悩むことがあるのではないでしょうか？

そんなときは、右に挙げた「**そ言葉**」を、ちょっと強めに言ってください。たとえばマンガのように勉強熱心な子には、通りがかりに、

「**そう、そう！**　宿題がんばっててイイぞ！」

とほめる手もあります。

「そ言葉」は共感を表現する言葉です。大人が使い続けていると、子どもも自然に共感を示すスキルを身につけるので、一石二鳥です。

39

効果を持続させる工夫②

ほめる間隔を上手にあけよう

同じような行動を、同じような言葉やイントネーションでほめ続けていると、やがてマンネリ化が起きて、ほめられても子どもが喜ばない状態に陥ってしまいます。

前項の「そ言葉」もマンネリ化対策になりますが、加えてもうひとつ、「**ほめる間隔をあける**」ようにしてみましょう。

子どもが何かできるようになったとき、新しい学年にあがったときなど、**何であれ「初期」といえる状況では、とにかくシャワーのようにほめ言葉を浴びせる必要があります。**そうすることで子どもとの信頼関係が強化され、子どもの「やる気」もわいてきます。

ですが、少し時間がたったら、ほめる回数を減らして間隔をあけるようにしていきましょう。そんなふうに間(ま)をあけていくことを、「**間欠性**」をもたせる、といいます。

では、いつから・どれくらい間隔をあければいいのでしょうか。私は次のような目安を設定しています。

・序盤＝とにかくたくさんほめる
・中盤＝半分くらいにしてもいい
・終盤＝2割まで減らしてもいい

家庭であれば、たとえば子どもが「望ましい行動」を身につけようとがんばり始めたときなどが「序盤」にあたります。あとは子どもの様子を見ながら減らしていき、年齢が上がって、教えていた行動が自然にできるようになったら「終盤」と考えて、ほめる回数を大きく減らしましょう。

大人が教えた「望ましい行動」や「スキル」を、子どもが十分に身につけたとしましょう。その行動やスキルを自然に発揮できるようになったら、もう失われることはありません。だから、ほめる回数を大きく減らしても大丈夫なのです。

ただし、時期や年齢に関係なく、「子どもが目を合わせてきたとき」は、例外なく、必ずほめてください。 子どもが大人のほうを見て目を合わせてきたときは、「ほめてほしい」のサインです。そのタイミングだけは逃さないように注意しましょう。

一例ですが、私は学校では次のようにして「ほめる」に間欠性をもたせていました。

①4～6月

この時期は、一年の「序盤」です。子どもと信頼関係を構築するためにも、間髪を容れずに次々にほめていきます。学年や教室が変わる時期で、初めて出会う子も多いので、「ほめ言葉」をシャワーのように浴びせます。

②6月を過ぎたあたりから

「中盤」にあたるこの時期から、ほめる機会を序盤の半分くらいに減らします。といっても、機械的に半分に減らすのではなく、子どもの様子やクラスの雰囲気により、適切な間隔を探りながら、「そ言葉」（118ページ参照）を使いつつほめ続けます。

③翌年1月以降

学年の「終盤」といえる時期です。上手に「ほめる」を実践できていれば、この時期には身についた「望ましい行動」や「スキル」の数も増えているはずなので、状況をよく見ながら、ほめる機会を序盤の2割くらいまで減らします。

第4章

子どもの「こだわり」との向き合い方

40

向き合い方のルール①

まずは共感の気持ちを持つ

こんな「こだわり」にどう対応すればいいでしょうか？

いつも同じ人形を持っている

いつも同じルートで移動したがる

絶対この道で帰る！
こっちのほうが近道なのに……

目の前の作業をやり続けることにこだわる

発達障害の子によくみられるのが、イラストで紹介したような「こだわり行動」です。

・物にこだわる（ぬいぐるみ、絵本など、特定のものを手元に置いておきたがる）

・行動にこだわる（いつも同じ経路で移動したがる、など）

・現象にこだわる（ゲームの勝敗にこだわる、など）

子どもにより対象はさまざまですが、なぜ「こだわる」のでしょうか。

感覚過敏（38ページ参照）が背景にある場合や、何かが気になって仕方がないので同じことをせずにはいられない――という場合もあります。

しかし基本的に、こだわり行動は、子どもが自分自身を安定させるためにやっている行為です。同じことをくり返すので見通しがつき、安心できるのです。

こだわり行動が出ている子に、焦（あせ）ってイライラしながら「いい加減、やめなさい」「今は○○する時間だよ」と大人が声をかけても、終わらせることなどできません。

まずは共感を示しましょう。どんなに迷惑な行動でも、まずは「やりたい」という子どもの気持ちに共感してあげるのが原則です。

私の場合、こだわり行動が出ているときには、まず**「それがやりたいんだね」**という共感の言葉を必ずかけるようにしています。それが対応の第一歩です。

41

向き合い方のルール②

無理に止めるより「待つ」

無理に止めると……

キーン コーン
カーン コーン
ツツー…
あと2回だからね！
あと2回で終わりだよ！
2回すべりました終わりです
わあああー！
えー

これでは行動の切り替えは無理。では、どうすればいいでしょうか？

ある行動から別の行動へ切り替えることを「**シフティング**」といいますが、こだわり行動が出ている子は、このシフティングができなくなっています。そこへ大人が介入して切り替えさせようとすると、マンガのように収拾がつかなくなるかもしれません。

子どもからすると、〈ここまでやっておきたい〉と思って、必死に、あるいは夢中になっているところに、急に他人が割り込んでくるから混乱するのでしょう。

こだわり行動が見られたら、無理に介入するより、行動が終わるまで「待つ」ほうを選ぶようにしてください。大人がいったんこだわりを受け入れれば、子どもがイライラすることもなくなります。

「なんとかしなければ」「わがままは許されない」――そう考える人がいるかもしれませんが、**こだわり行動は脳の特性によるものなので、介入しても治りません。**

それでも、成長とともに薄れる「こだわり」もあります。その意味でも、「待つ」ほうがいいのです。

「こだわり行動が延々と続くのは困る」――そう思った人、大丈夫です。**どんなこだわり行動も、時間がたてば区切りを迎えるし、いつか終わります。**区切りがつくまでしっかりと「待ってあげる」ほうが、次の活動へシフティングしやすいのです。

42

「こだわり」を止めたいなら▼▼▼

呼吸を見てタイミングをはかる

子どもの呼吸を合図にして

カリカリ
カリガリ
カリカリ
ザリザリ
ふう
カタ
満足した?

区切りがついたとき。それが介入のベストタイミングです。

生活のなかには、時間に一定の制約がかかっている場面が必ずあります。学校でいうと、授業の時間や休み時間がそうですね。多くの学校で、授業の時間は「45分」、休み時間は「5分」あるいは「10分」などと決まっています。

時間の制約があって、発達障害の子どもにシフティング（行動の切り替え）をうながしたいと思ったときは、きちんと介入のタイミングを見極めてから声をかけるようにしてください。

私は次のように介入のタイミングを見極めています。

まず、こだわり行動が出ている子を、落ち着いて観察しましょう。**すると、一瞬、動きが止まって、マンガのように「ふう」と息をつく瞬間が見つかります。そこが声をかけるチャンスです。**

そのチャンスを逃さず、まずは大人のほうから、「満足した？」「集中していたね」などの共感の言葉をかけてあげましょう。共感を示すことでパニックを予防でき、同時に、子どもの「大人に対する信頼感」を維持できるのです。

続けてシフティングをうながす言葉をかければ、かなりの確率で行動の切り替えが成功します。かける言葉の具体例については、次項以降で説明します。

43

次の行動へ誘導するには▼▼▼

子どもと「終わり」を決める

○ 子どもに尋ねる

あと何分で終われるかな？

× 大人が勝手に決める

あと5分だけ！5分だけだよ

終わるタイミングは子どもに決めさせましょう。

子どもが望んだとおりに動いてくれないとき、大人は「終わり」を勝手に決めて、それを子どもに押しつけようとしがちです。でも、私の経験からいって、それで行動の切り替えがうまくいったためしはありません。

こだわり行動を終えるタイミングは、子どもに決めさせたほうがいいのです。

前項で紹介したように、子どもが一息つき、こだわり行動に夢中になっていた意識が緩む瞬間が見られたら、大人はまず共感し、続いて、

「あと何回で終わらせる？」

「あと何分で戻ってこられるかな？」

などと子どもに聞いて、終わりを自分で決めさせてください。

子どもに決定を委ねても、うまく決められないようであれば、

「あと5分だったらどうかな？」

と、大人から提案してみましょう。子どもが「それで終わらせる」とか「うん」などと同意してくれればOK。きっと守ってくれるはずです。

大人が決めたルールに納得できず、従えないという発達障害の子もいます。また、大人が決めたことが難しすぎて、子どもには守れない、ということも往々にしてありますが、自分で決めたことなら守ろうとするでしょう。だから子どもに決めさせるのです。

44

行動の切り替えをうながす工夫①

アラーム付きの腕時計をわたす

私が実際にした支援

キーン
コーン
カーン
コーン
もう授業が始まってるのに遊びがやめられないなあ……
授業の開始時刻に気づけるよう腕時計を用意しました
12:55
おーかっけー

遊びが楽しくてやめられない子はめずらしくありません。そこで、時間どおりに子どもが教室に戻ってこられるように、こんな支援をしたことがあります。

①アラーム機能付きの安価な腕時計を必要な数だけ買っておく

②アラームをセットして、腕時計を子どもにわたす

③「これがピピッて鳴ったら教室に戻ってくるんだよ」と伝えて遊びに行かせる

この方法はとてもうまくいきました。遅れて戻ってくる子はいましたが、いつまでも遊んでいる、という状態になってしまう子はいなかったのです。子どもに時計を持たせるのは大事だな、と実感しました。

この方法は家庭でも有効だと思います。用意する腕時計は、その子のぶん1個ですみます。子どもが携帯電話やスマートフォンを使っているなら、その機能を使うこともできるでしょう。

念のためつけ加えますが、決めたとおりに**行動を切り替えられたら「約束どおり戻ってこられてえらいね」と子どもをほめるのを忘れないように**してください。

シフティングに使える道具はほかにもあるので、第9章に挙げておきます。

45

行動の切り替えをうながす工夫②

「区切れ目」を伝えておく

「こだわり」が強く、シフティング（行動の切り替え）が苦手な子には、日課の「区切れ目」をわかりやすく伝えておくといいでしょう。どのタイミングで切り替えればいいか見通しがつけば、子どもも安心して生活できます。

私が学校でよく使う方法は次の3つです。

①予定の区切れ目を明確にする

実は1年生になっても、「明日」「明後日（あさって）」が明確に理解できない子がいます。〈時間はひとつながりだ〉という感覚があるようなのですが、そのままでは切り替えが困難です。

まずはスケジュール表を貼りだし、「現在はどこの部分なのか」を明示しましょう。学校の授業の場合は、「この時間は音読です」「次の時間は作文です」のように、次の行動をマメに言語化するだけでも一定の効果があります。

②予定の区切れ目を時間で示す

日課の内容で区切れ目を示せない場合は、時間を可視化するといいでしょう。タイムタイマーや砂時計（ともに第9章参照）などの道具を使って、ひとつの日課があとどれくらいで終わるかを視覚的に明示するとわかりやすくなります。

③前の活動と違う活動でシフトさせる

切り替えるタイミングで、それまでとは異なるタイプの活動を差し込むと、シフティングがスムーズになる場合があります。

たとえば国語の授業で、子どもに漢字の書き取りをさせていたとします。そのあと続けて教師が教科書の内容を説明すると、切り替えはうまくいきません。

ですが、書き取りのあと「全員で立って音読」のような、動きや発声のある、それまでとはタイプの異なる活動を挿入してから説明に移ると、切り替えがうまくいきます。

46

周囲の迷惑になる行動は▼▼▼

「アウト／セーフライン」を決める

事例　下敷きをいじる子

きゅっ
ばいん！
ばいん
ばいん
ばいん
ばいん
下敷きうるさい
ばいん

マンガで紹介したのは実際の事例です。この、「下敷きをいじって音を出す」という、ちょっと迷惑な「こだわり」、どうやって止めたらいいでしょうか。

「迷惑だからやめなさい！」と叱ると、下敷きをいじるのが好きなこの女子（仮にマサコさんとします）はパニックになるか、大人に反発するかしてしまう可能性があり、いずれにしても納得してやめることができません。次のような手順で行動の影響に気づかせ、教え導くといいと思います。

①まずは「こだわり」を認める

奇妙に見える行動であっても、その行動で子どもの心は安定しているわけです。「心を安定させている」というメリットに目を向け、まずは大人が気持ちを落ち着けて、行動を受け入れる余裕をつくりましょう。そして、子どもに近づいて、

「そうか〜、下敷き、触りたくなってしまうよね。わかるな〜」

と一言、共感してあげるのです。そうすることで、マサコさんは混乱することなく、あとの話を聞くことができます。

②そのこだわりが、周囲にどう認知されているかを教える

マサコさんの場合は、授業中に下敷きを触って音を出していますが、その音がまわりに聞こえることがわかっていない可能性があります。

そこで、大人がマサコさんの真似(まね)をして下敷きで音を出してみせ、マサコさんに感想を聞きましょう。そのうえで、

「マサコさんが出しているこの音を、『イヤだ』っていう友達がいます」

と教えてあげてください。自分自身で体験させたうえで、さらに周囲がどう思っているかを穏やかに教えてあげるのがポイントです。

③こだわり行動の「アウト」「セーフ」のラインを決める

そしてさらに、下敷きを触るというこだわり行動について、「どこまでやったらアウトで、どこまでがセーフなのか」というラインを子どもに教えます。この場合は、「音」がまわりの人の迷惑になっているので、

・下敷きを触ってしまうこと自体はセーフ

・しかし、触った結果「音を出す」のはアウト

ということになるでしょう。ですから、

「下敷きを触るのはいいと思うよ。でも、マサコさんもわかったと思うけど、音が出てしまったら、まわりの人がうるさく感じるから、授業中に下敷きを触って音を出すのはやめようね」

と、はっきり決めると、子どもにも明確に伝わります。

④代わりの行動を子どもと考える

最後に、周囲に迷惑がかからず、かつマサコさんも満足できる「下敷きの触り方」がないか、一緒に考えましょう。マサコさんと話し合って決めてもいいし、本人が考えつかないときは、大人が下敷きの触り方を何種類か示して選択させても構いません。

大切なのは、「大人がルールを決めて一方的に押しつける」状態にしないことです。押しつけると、発達障害の子はかえって不安定になってしまうので注意してください。

47

こだわり行動の〝予防〟に▼▼▼

「カード」を使った支援もある

前項に登場した子のように、こだわり行動に代わる行動を子どもと一緒に考えたり、または大人が提案する支援は、比較的よく行われます。

でも、「話し合って決めても、すぐにはできるようにならない」「何をするか、子どもが忘れてしまった」という場合も、おそらくあるでしょう。

そんなときは、次ページの写真のようなカードをあらかじめ用意しておくといいでしょう。パソコンで簡単に作れますし、ラミネートすると長もちします。面倒であれば市販品を購入して使ってもOKです。

このようなカードを携帯しておいて、子どもが望ましくない行動をしそうになったとき、またはしてしまったときに、スッと提示します。それだけで、代わりの行動を思い出させることができます。

聞く、すなわち音声情報をきちんと受け取るのが苦手な発達障害の子も多いのですが、カードのような視覚情報を使った支援を行うと、すんなり理解できる子どもがたくさんいます。

また、生活のなかでは声をかけにくい場面も多々ありますが、そのようなときでも、あらかじめカードを用意しておけば、声を出すことなく「伝える」ことができます。

最後に、このような視覚支援で切り替えができたときも、「ほめる」ことを忘れないようにしましょう。

ほめるための支援カード（116ページでも解説しました）も用意しておくといいですね。

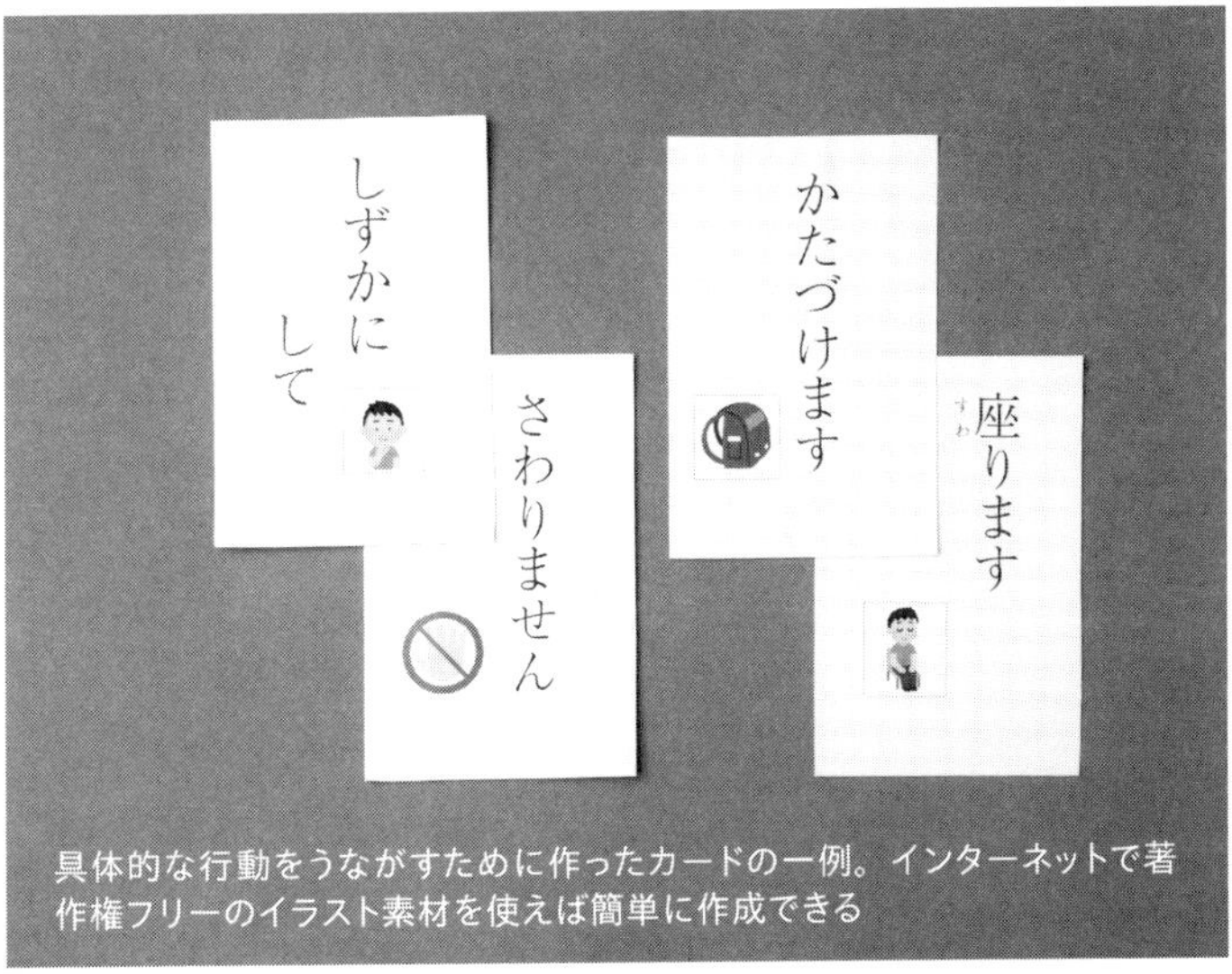

具体的な行動をうながすために作ったカードの一例。インターネットで著作権フリーのイラスト素材を使えば簡単に作成できる

コラム

子どもと「相談して決める」ことの大切さ

子どもに何かを教えたり指示したりするとき、「次は○○しようね」「××しなさい」「あと△分で終わりね」などと大人が決めて、それを子どもに押しつけてはいけません。発達障害がある子には、必ず「どうしたらいい？」「なにができるだろう？」と相談し、自分で考えてもらうようにしてください。子どものほうからなかなか意見が出ないときだけ、「○○したらどうかな？」と提案してあげましょう。

なぜそんな、一見面倒なことをする必要があるのでしょうか。ひとつは、少しでも自分で考えて決めたことのほうが、実行しやすいからです。

そしてもうひとつ、「相談する」という経験を子どもに積んでほしいから、という理由もあります。解決策を話し合うことで、子どもは「他者と折り合いをつける」経験ができます。大人も、今後その子と衝突したときに、どのあたりで折り合いをつけられるか、直感でわかるようになるでしょう。話し合いは、大人にも子どもにも有意義な学びを与えてくれるのです。面倒と思わず、必ず実行するようにしてください。

第5章

子どもの「気になる行動」の予防法と解決法

48

子どもがうるさいときは▼▼▼

無声音「シーーーッ」が効果的

×　声で抑えるのは無理

公共の交通機関、授業中の教室、病院の待合室、冠婚葬祭など、「静かにしていなければいけない場所・タイミング」はたくさんあります。

でも、子どもが静かにできるとは限りません。空気が読めないため騒いでしまう子もいれば、声量の調整がうまくできず、大きな声で話してしまう子もいます。

ところが、子どもに負けじと大声で注意をしても、意外と効果はありません。それどころか、マンガのように注意した大人が悪目立ちしてしまう場合もあります。

子どもに黙ってほしいときは、人差し指を唇に当てて、無声音で、

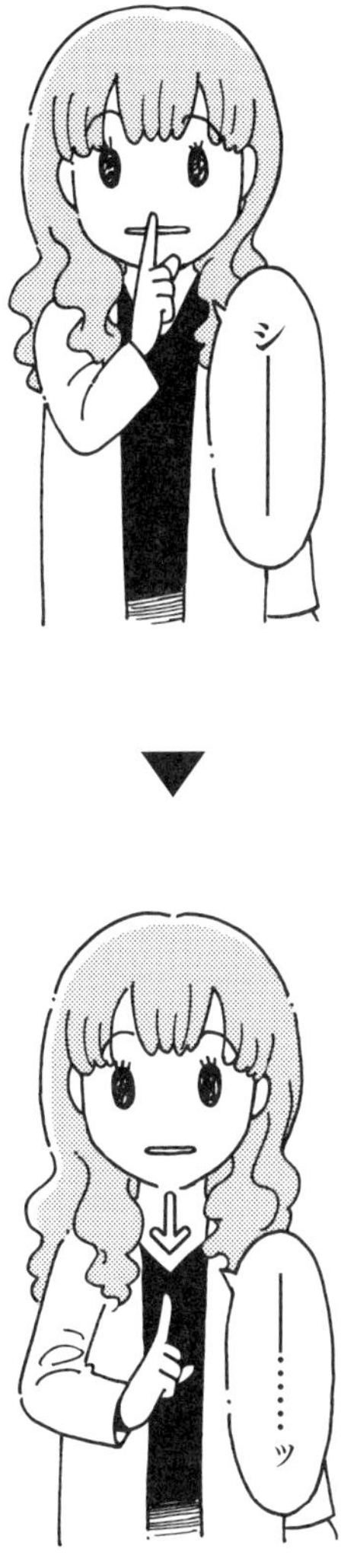

とやってみてください。**音はだんだん小さくしていき、それに合わせて、手を下げていきましょう。**「手を下げる」行為を通じて、声量を下げるイメージを視覚的に伝えることができます。海外でもよく使われている方法ですが、とても効果があるのでおすすめです。

49

部屋や机が汚いときは▼▼▼

大人が一緒に片づけよう

事例　変化は急に起こる

子どもにどう整理整頓を教えるか、とくに保護者には悩みの種でしょう。私は、「**一緒に片づける**」のがベストだと思っています。

子どもの部屋や机のまわりが散らかっていたら、大人のほうから「こういうふうに片づけるんだよ」と声をかけて、一緒に片づけて、お手本を示しましょう。子どもが見ている前で、ほとんど大人が片づけているような状態になっても構いません。一緒に片づけをしてお手本を見せ続けるのが、いちばんのサポートです。

「大人がやってしまったら、子どもの成長につながらないでしょう」

と意見されたこともありますが、そうでもありません。**片づけの支援を続けていると、子どもはある日突然、自分で片づけ始めます。**マンガで紹介したのは実際にあったケースで、子どもが片づけ始めた瞬間、私は思わず、こんな変なほめ方をしていました。

「『整理整頓』という言葉が頭に残っていることがえらい！」

一度、子どもに片づけ方を教えた大人は、次の機会につい、「前に練習したよね」と叱ってしまうことがありますが、発達障害の子は、すぐスキルを身につけられるとは限りません。

机が汚い限り、大人がずっと一緒に、何度でも片づけてあげる――そんな支援こそ、実は最も確実なのです。

50

私語が多すぎるときは▼▼▼

「内言語のトレーニング」で減る

大人の場合
ここのアレがああでこうなのよ
へえ〜〜〜〜！なるほどなあ
子どもの場合
これがああでこうで
へえ〜〜〜〜！なるほどなあ

子どもは「思うだけ」では済ませられないこともあります。

文字化・音声化されず、内面にとめ置かれる言葉を「**内言語**（ないげんご）」といいます。

発達障害がある低学年の子は、この内言語が未発達な場合がけっこうありますが、そんな子は、思った瞬間に言葉を口にしてしまいます（ちょうど右ページの下のイラストのような感じです）。

しかし、内言語としてとどめておけないと、人との会話がうまく続かなかったり、学校では授業の妨げになったりと、トラブルの原因になりかねません。ここで、内言語の発達をうながすために私が実践してきた支援を、いくつかご紹介します。

①メモ作戦

頭に浮かんだ言葉を、発声する代わりに書き出してもらう方法です。

たとえば学校なら、授業が始まる前に子どもに分厚いメモ帳をわたして、

「しゃべりたくなったら、その言葉をメモ帳に書いておきなさい。あとでそれを読んであげるから」

と伝えます。そうやって、たとえば子どもが授業中に〈何それ〉と思ったら、それをそのまま「何それ」とメモ帳に書き出してもらうのです。

そして、授業が終わってしゃべってもいい時間になったら、その「何それ」を子どもと

一緒に読み上げます。

すると子どもは、〈自分の思ったことは、こんなふうに音声に変換されていくんだ〉と実感できるので、内言語が育っていくわけです。

②くり返し唱える作戦

音声になってしまった言葉を内言語化する練習です。たとえば「へぇ、なるほどなぁ」と子どもが言ったとしたら、その言葉を使って、

「まずは口に出して5回言います」

と、子どもに指示します。そして、「へぇ、なるほどなぁ」と口に出して言わせます。

そのあと今度は、

「それを心のなかで5回言ってごらん」

と指示して、子どもに指を5回折らせて〈へぇ、なるほどなぁ〉と心のなかで言わせるのです。最初はうまくいかないかもしれませんが、何回もくり返すと内言語が育ちます。

③アプリ作戦

特別支援学級では、こんな面白い支援をしたことがあります。

パソコンの音声入力ソフト（聞いた音声を自動で文字に起こしてくれるアプリ）をあらかじめ起動しておきます。そのまま授業をすすめていくと、内言語が未発達な子がふと漏らす、

「それ、何」

などのような不規則発言が、ディスプレイ上に表示されていきます。それでもかまわず授業を続けます。そして授業が終わったら画面をその子に見せて、内言語にすべきだった文字列に、一緒にマーカーで印をつけていきます。

そうやって、内言語であるべき言葉をすべて視覚的にわかるようにしてから、

「これは心のなかで思っていればいいんだよ」

と、子どもに教えてあげました。この方法も、くり返すことで思考の内言語化をうながす支援になります。

51

不安感が強い子には▼▼▼

一緒に解決策を考えてあげよう

○ 子どもと一緒に考える

× むやみに励ます

励ますだけでは、子どもは安心できません！

発達障害がある子から、たびたび不安感を訴えられると、大人はつい、右ページ下のイラストのように励ましてしまいますが、この対応はNGです。子どもは余計に不安になり、〈大人は何もしてくれない〉〈話すら聞いてくれない〉と思い始めます。

まずは何が不安なのか、子どもの話を聞いて、気持ちに寄り添う姿勢を見せましょう。

子どもは、気持ちを聞いてもらいたいだけかもしれません。あるいは、現実的な解決策を求めている場合もあるでしょう。いずれにしても、話が一段落したら、

「どうやったら、その不安は解決できそう？」

「少し気持ちを落ち着ける時間をとったら、不安は和らぎそうかな？」

「その不安を和らげるために何ができるかな？」

などと声をかけて、一緒に解決策を考えてあげてください。

大人が解決策を与えるのではなく、「**子どもと話し合う**」のがポイントです。そのようにすることで、自ら不安の解決策を探す力が子どものなかに育っていきます。

また、話し合って決めた方法で不安が解消されれば、その成功体験は子どもの自尊感情を伸ばす礎になります。面倒臭いなどと思わず、子どもの不安にはきちんと向き合ってあげましょう。

52

不安を言葉にしない子には▼▼▼

「不安なんだね」と声をかけよう

事例 急に不穏になった理由

不安感・不快感を言葉で訴えるのが苦手な子は、めずらしくありません。そんな子は、自分のなかにイヤな気持ちをため込んでしまい、積もり積もったストレスでパニックになることがあります。

発達障害がある子の場合は、マンガで紹介した事例のように、過去のイヤな出来事をありありと思い出して、急に不穏になることがあるため、なおさら注意が必要です（この現象は「**フラッシュバック**」と呼ばれています）。

子どもがパニックになったときの対処法は第7章に譲りますが、ここではそんな対処法よりも大切な〝予防法〟を紹介します。

不安感・不快感を言葉にするのが苦手な子については、大人が細かなサインに気づいて、そのイヤな感じを少しずつ解消してあげなければいけません。

では、その「細かなサイン」とは何かというと、大人が様子を見ていて、

- **ちょっと顔がくもったな**
- **何か微妙にフリーズしたぞ**
- **一瞬動きが止まったな**

こんなふうに感じたら、それがサインです。サインが見られたら、その子にそっと近づきましょう。そしてたとえば、

などと、イラストのように声をかけてあげてください。

これは何をしているかというと、**自分の感覚や気持ちを言葉で表すこと（表出）をサポートしているのです。**

声をかけても、子どもはうなずく程度しかできないかもしれませんが、大人が気づいてくれたことはわかるはずなので、きっと安心してくれるでしょう。それで十分です。子どもが反応できたら、必ず、

「よく伝えてくれたね」

などとほめてあげてください。


以上をあらためて流れとして書くと、次のようになります。

①パニックのサインに気づく
②大人が「イヤな感じがした？」と問いかける
③「イヤだ」「不安」という気持ちが表出される
④子どもが〈気づいてくれた。よかった〉と思う

この一連の過程は成功体験になります。子どもはきっと、

〈不安になったときには言葉で言っていいんだ〉

〈「イヤだ」って言っていいんだ〉

と感じて、次回は自分から「イヤだ」と言おうという気持ちになれます。

不安を訴えない子のなかには、〈「イヤだ」って言っていい〉と実感できるまでは不安を表出しない、という子もいます。だから大人が気づいて、**表出のサポート**をしてあげてください。

53

順番を守れない子には①

「順番を守る必要性」から教える

順番を待てない子は本当にたくさんいます。順番を守るよう、教えてあげなければいけませんが、ただ単に「順番を守らなきゃダメ！」と叱るだけでは意味がありません。**発達障害がある子は、そもそも「順番は守るものだ」ということがわかっていない場合もある**ため、理解してもらえないのです。

次ページで、ユウトくんという男子児童が、ブランコの順番を抜かしたときの支援例を紹介します。**大切なのは、穏やかに呼び寄せて、「順番がある」ということと、「何番目にのれるか」をていねいに説明してあげることです。**

順番を抜かした子どもに興奮した様子が見られる場合は、待つように伝えるのではなく、「順番を待ちますか？　それとも、別の遊びをしますか？」と選択させたほうがいいこともあるので、状況に応じて使いわけてください。

子どもへの教え方

順番を守らない子の多くは、すでに軽い興奮状態にあることを念頭におく

興奮をあおらないよう、まずは大人が笑顔で穏やかに子どもを呼び出す

子どもに、自分が何番目で誰のあとに遊べるか、見通しがつくよう具体的に教える

順番を守るように念押しする。別の遊びに変更するか選択させてもいい

ユウトくん
順番ぬかし!
ダメだよ!!
ユウトくん
こっちにおいで
次は
ユミさんの
番です
ユウトくんは6番目
ハルカさんの次に
ブランコに乗れます
順番です
守れるかな?
それとも別の
遊びにする?

54 順番を守れない子には②

「待ち方」を絵で教える

順番を守れない子には、必要に応じて「待ち方」を教えなければいけません。「何をすれば順番を守ったことになるのか」がわかっていない、という子もいるからです。

また、発達障害の子は、「やりたい！」という気持ちが強いと、列をつくって待っている人がいても、まったく目に入らなくなってしまう場合があります。だから、**順番を守るためには、「列の最後尾の人のあとに並んでいなければならない」ということを、わかりやすく伝える必要があります。**

たとえば前項で登場したユウトくんにブランコの順番の待ち方を教えるなら、まず「ブランコを待っている」という設定を視覚的に示した絵を用意します。次ページにイラストで再現しましたが、もっと簡単なものでも構いません。そして絵が用意できたら、162ページのような手順で子どもに教えます。

順番の守り方を
教えるときに使う絵の一例

たとえば、「何人かがブランコを待っている」という状況を表現するのであれば、上のような簡単な絵を用意する。いちばん後ろの人物をほかの人より濃く描いて名前をつけ、目立つようにしておくのがポイント。これによって「最後尾」という概念を教えやすくなる

「○か×か」のようなはっきりした表現で、順番を抜かすのは悪いことだと伝えます

「最後尾の人を探して並ぶ」のが順番を守ることだと教えます

③

視覚的に教えたほうが確実に伝わるので、絵を活用しましょう

④

最後に、落ち着いて待つための方法を子どもと相談し、いい案がなければ大人が提案します

55

「勝ち」にこだわる子には ▼▼▼

ゲームで「負ける経験」をさせる

事例 負けが暴力の原因に

鬼ごっこ
ジャン ケン ポン!
タカシの負け
鬼な!
ワーー!!
ボカッ
あっ

マンガで紹介した事例は、実際にあったことです。こんなふうに、「勝ち」にこだわるあまり、たかがジャンケンでパニックを起こしてしまう子もいるのです。

運動会の徒競走の練習で、走っているうちにほかの子と差がついていき、三着になるのが確定したところで大声で泣き叫び始めてしまった子もいました。

勝負が始まった瞬間、その子の頭は「自分が勝ったイメージ」でいっぱいになり、負けた瞬間に見通しが崩れるので、混乱するのではないか――そう私は考えています。

もちろん、単に負けず嫌いな性格の子もいるでしょうが、いずれにしても**「勝ちへのこだわりが強すぎる子」には、「負ける経験」を積ませて、慣れさせなければいけません。**

私は、ゲームを使って次のように教えることにしています。

まず、UNOやトランプのようなカードゲームを用意します。

そして子どもとそのゲームで遊ぶのですが、ここで大事なのは、大人ができるだけ、子どもを「負ける寸前」まで追いつめることです。

そして、追いつめるだけ追いつめたあと、最後には勝たせてあげます。

この「追いつめて↓勝たせる」を何度も何度もくり返しましょう。根気よく、何度もくり返していると、〈今日は子どもを負かしても大丈夫だ〉と思えるタイミングが、きっと見えてきます。そんなタイミングの判断は、たとえば、

・**負けそうになるといつも表情が険しくなるが、今日はそうじゃない**
・**追いつめられるといつも目が吊り上がるが、今日はわりと穏やかだ**

といったような場合で、そのときはためらうことなく、大人が勝ちにいきましょう。勝負がついたら、負けた子に、

「負けたときは、『ま、いっか』と言ってごらん」

と、気が楽になるスキルを教えてあげます。

そして次回、勝負して子どもが負けたとき、取り乱さず「ま、いっか」と言えたら、

「よく負けを受け入れたね！『ま、いっか』と言えてえらい！」

とほめるのです。こんなふうに、ゆるやかに負ける経験を積ませてあげてください。

コラム

実は「遊び」の支援がいちばん大事

「勝ち」へのこだわりは、子どもの生活を考えると意外と深刻な問題です。

というのも、負けると怒ったりパニックになったりする子は、やがて友達と遊んでもら

えなくなるからです。つまり、人間関係をつくれなくなってしまうのです。

だから、〈たかが遊び〉と軽視せず、ちゃんと支援しなければいけません。

私がこの項で紹介した支援方法を「面倒」と感じる読者もいることでしょう。でも、学級で実践しても、半年から1年くらいで効果が出てきます。学校だとひとりの子をつきっきりで支援するのは困難ですが、保護者が家庭で行えば、子どもと密に関わることができるぶん、もっと早く成果が出るに違いありません。

この支援をするうえで大切なのは、カードゲームやボードゲームなど人と人が対面して遊ぶタイプのゲームを使うことです。

モニターに向かってプレイするゲーム（オンラインゲームや、いわゆるテレビゲーム）だと、子どもがヒートアップして、かえって大きなパニックが起こりやすくなります。

また、最近は動画投稿サイトなどを利用して、オンラインゲームの攻略法を研究する子が増えました。そういう子のなかでは「勝てる」という思い込みがより強固になっているぶん、負けたときのショックも大きくなり、大混乱に陥ります。ですので、必ず対面して遊ぶゲームを使ってください。

個人的には、先ほど挙げた「ＵＮＯ」や、「ハリガリ」（アミーゴ社）を使っていますが、第9章で取り上げる「五色百人一首」も強くおすすめします。

56

空気が読めない子には▼▼▼

まず「社会的参照のサポート」を

事例 動かない男の子

おなかすいたー
こんだてなんだろう?
今日はスパゲティだ
フルーツはキウイだ
この机はどかそう
ガタガタ
手を洗いに行こう
ガタガタワイワイ
ぼーーー
ジャージャー

発達障害がある子は、友達の気持ちや周囲の状況に気づいて、それに合わせることが苦手です。つまり「空気が読めない」のです。そのため、たとえば学校だと、マンガのボーッとしている男子（仮にコウタくんとします）のように、次の準備に移れない子が出てきたりします。ここで大人が、「給食の準備をしようね」と、してほしい行動を伝えるだけでは、その場限りの指導で終わってしまいます。

最も望ましいのは、「コウタくんが周囲の様子を見て、合わせられるようになること」でしょう。この場合は、コウタくんの周囲で給食の準備を始めた子の名前を挙げて、

「○○くんはどうしているかな？」

「△△さんは～しているよ」

と、近くにいる子に目を向けるよう、うながしてあげてください。そのうえで、

「コウタくんはどうする？」

と最後に聞くのです。こうやって周囲に目を向けさせ、参照させましょう。周囲を参照させる支援は「**社会的参照のサポート**」と呼ばれます。「周囲を見て、それに合わせて行動することも必要」ということを教えるのが、このサポートの目的です。くり返すことで〈まわりを見ることも必要なんだな〉という意識が確実に育っていくので、たとえ子どもがすぐ行動に移れなくても、根気よく継続することをおすすめします。

57

すぐ反抗してしまう子に①

「他人事メソッド」がおすすめ

事例 自分の非を認めない子

ぱっ
ヒロキ！やめなさい
とっちゃダメよ
お友達のおもちゃでしょ謝りなさい
ぼくやってない！
認めないなあ…

注意を受け入れられない子に、どう接すればいいでしょう？

大人からの注意や指導がどうしても受け入れられず、

「うるさい」

「知ってるから！」

「わかったから、もういい！」

と反抗する子はめずらしくありません。マンガの子のように、大人の目の前で悪いことをしたのに、「やってない！」と言い張ってしまう子もいます。

そんな言動が出てくる背景には、〈悪いのが自分だなどとは、絶対に認めたくない〉という心理（あるいは発達障害の特性でしょうか）がはたらいているように感じます。

子どもが反発しているときに、大人が「大事なことだから！」「見ていたのよ！」と怒って指導しようとしても効果はありませんが、ひとつだけ、大人が伝えたいことを受け入れてもらえるいい方法があります。

他人事のようにエピソードを話して聞かせる「**他人事メソッド**」です。

たとえば私は、隣の子の消しゴムを取ってしまった子を指導したことがあります。その子も自分のしたことを認められず、パニックになりましたが、私は落ち着いてから次のように話して聞かせました。

他人事メソッド　その1

先生が
前の学校で
経験したこと
なんだけどね
消しゴムを
取ってしまった子が
なかなか認めなくて
お父さんや
校長先生まで
出てきて
大騒ぎになったんだ
みんな
とてもつらい思いを
したんだよ
でもその子は
口では言えないから
あとで手紙で謝ったんだ
そうしたらみんな
許してくれたんだよ
そういう解決の
しかたもあるんだね
ま・君には
関係ないかも
しれないけど……

こんなふうに、「同じようなことをした他人のケース」を語って聞かせるのです。「私が子どものときの話なんだけど……」と、過去のこととして話してもいいし、もちろん、エピソードが事実でなくても構いません。

ポイントは、必ず「君には関係ないかもしれないけど……」とつけ加えることです。

他人事であっても、話を聞いていくうちに、子どもは〈自分のことを言っているんだ〉と気づき、また反発する気持ちがわき始めます。

しかし、最後に大人が「君には関係ないかもしれないけど……」と言語化すると、〝他人事のような感じ〟が強まるので受け入れやすくなるようです。

講師として登壇したセミナーでこの方法を披露すると、必ずと言っていいほど、「本当に効くんですか？」と怪訝（けげん）な顔をされますが、はっきり言って、これほど効果のある方法はありません。

実際、消しゴムを取ってしまった子は、私が聞かせたエピソードを真似（まね）るかのように、後日、手紙を書いて謝りに来ました。そのようなケースを、私はほかにもたくさん経験しています。

※この「他人事メソッド」は暴力行為への対応にも使えます。異なるバージョンを256ページに紹介するので、そちらも参照してください。

58

すぐ反抗してしまう子に②

「ど言葉」で穏やかになる

事例　反抗的な言葉が多い子

大人が子どもと「口論」になっている場面を見かけることがあります。たとえば、

子「めんどくさい！」

大人「そういうことを口に出すもんじゃない！」

子「うるさいな！　バカ！」

親と子、教師と児童のあいだで、こんな不毛なやりとりが延々と続くのです。読者のなかにも、そんな経験をしたことのある方がいるのではないでしょうか。

大人の行動や発言への反応として返ってくる、挑戦的・否定的・反抗的な子どもの言動は「**カウンター**」と呼ばれます。

カウンターが返ってくると、大人もつい、感情的になって、「なんでそういうことを言うの！」「その言葉遣いはなんだ！」などと、言い返したくなるでしょう。

ところが、大人が言い返すと、その言葉が新たな刺激となって、子どものさらなるカウンターを呼び、本来伝えたいことを伝える機会が失われてしまい、口論が延々と続くことになりかねません。

このような悪循環（「**カウンターの応酬**」と呼ばれます）にはまり込まないためには、どうすればいいでしょうか。

私は、「ど言葉」、すなわち「ど」で始まる言葉を使うことをおすすめします。

たとえば、子どもが乱暴な言葉を発したとしましょう。大人が「なぜそんなことを言うの！」とか、「やめなさい！」と反応すると、カウンターが返ってくる可能性がありま す。しかし、落ち着いて子どもに、

「どうしたの？」

と問いかけると、カウンターは起こりません。

こんなふうにカウンターを予防する方法は、「**カウンターコントロール**」と呼ばれますが、そのあとの会話でも「ど言葉」を使っていくことで、カウンターの応酬を防ぐことができます。たとえば、

「どれくらいイヤなの？」

「どんな気分かな？」

「どうやったら気分はおさまるかな？」

などと尋ねて会話を続けるのです。

これら「ど」のつく言葉の特徴は、話題を「原因」と「解決法」の方向へもっていける、という点にあります。実際、「どうしたの？」と問いかけたら、「先生！　実はね……」と、事情を説明してくれた子もいました。

非常に役に立つ、効果的な言葉なので、ドンと構えて使ってみてください。

○ 子ども同士のケンカのあとも

ケンカのあとで――
ずいぶん派手に殴り合っていたけど…
どこでならあのケンカはやめられただろう？
う～ん
言い合いでムカッとする前かな
わー
わー
うんうん
どうしたらムカッとせずにすむかな？
う～ん

このように、子ども同士のケンカのあとの指導にも有効です。

59

乱暴な言葉をぶつける子に▼▼▼

わざと肯定して「意識を変える」

事例　突然暴言を発した子

ツカ
ツカ
キーン　コーン
カーン
コーン
ツカツカ
死ね死ね！
なぜ急に
そんな暴言を!?

こんな場面で、大人はどう振る舞ったらいいでしょう？

このマンガのような子は実際にいました。なぜ「死ね」と言うに至ったのか、原因はわかりません。ふつうなら「そんな言葉を使うのはやめなさい！」と叱る場面ですが、それではカウンターの応酬（前項参照）が始まる可能性もありました。

ですので私は、あえて肯定的な言葉を返すことにしました。「死ね死ね！」と言った子を、次のようにほめたのです。

「友達に言っちゃいそうなところを、先生に言ったところがえらい！」

すると、反応が意外だったので、子どもは面食らってキョトンとします。その瞬間、怒りが途切れますが、そこがチャンスです。すかさず**「どうしたのか教えてくれる？」**と問い、穏やかな会話へと導くことができました。

類似の方法としてユーモアで返す方法も覚えておいてください。

以前、授業中すぐ「飽きた！」と言いだす、こだわりの強い子を担当していたことがあります。あるとき、また「飽きた！」が出たのですが、私はこう返しました。

「う〜ん、どちらかというと『青森』かな」

「飽きた」を県名（秋田）に見立ててダジャレで応じたわけですが、子どもが大笑いして気持ちが切り替わり、落ち着いて次の学習に向かうことができました。

子どもの感情に大人が巻き込まれないようにすれば、こんな対応もできるのです。

60

「勉強を減らして」とせがむ子に▼▼▼

「120%要求の法則」で対応

✕ 要望をのんではダメ

パパ～ 問題を半分の 5問にしてよ～
調子が出ないみたいだけど がんばってみよう
ううう～～
仕方ないな… 5問でいいよ
このあとは 気分よく 宿題に取り組めました

マンガで紹介した対応は間違っていないように見えるでしょうが、NGです。なぜ、よくないのかというと、その理由は2つあります。

①子どもが決定している

生活のなかでは「必ずやるべきこと」や、「簡単に変えてはいけない目標」がありま す。「一日の勉強量」は、その最もわかりやすい例でしょう。病気や体調不良など特別な事情があれば別ですが、勉強量が子どもの気分で決まる状態はよくありません。そんなことを続けていると、やがて子どもが勉強を怠けるようになる可能性もあります。

「やるべきこと」や「目標」がはっきりしている場面では、大人が決定権を握らなければいけないのです。そして子どもにも、〈これは大人が決めることだ〉と学んでもらう必要があります。

②大人が、子どもの態度を受けて譲歩している

子どもが泣いて鉛筆を放り投げたあとに、大人が提案を承認しているのも問題です。これによって子どもは、〈泣いて拒否すれば、決定権が自分に与えられる〉と勘違いしてしまいます。

すると、以後は要求を通すために暴れるようになったり、ついには勉強をしなくなる、といった具合に、行動をエスカレートさせることがあります。

以上をまとめると、「勉強の量を決める決定権は自分にある」という誤学習（26ページ参照）を生み出してしまうから、マンガのような対応はダメなのです。

にもかかわらず、「発達障害だから仕方ない」と、課題の量をただ減らしていく……という、誤った対応を続けている教師や保護者が、まだ大勢いるように思います。次に紹介する正しい対応に、ぜひ切り替えてください。

マンガにした事例を振り返ってみると、そのポイントは2つありました。

・子どもから「勉強を減らしてほしい」という要求があった
・子どもは調子が悪そうで、すべての問題に取り組むのは難しい

このような場合は、「**120%要求の法則**」で対応すると誤学習を防げます。

たとえば、子どもの要求が5問なら、まずはそれよりも多い8問解くことを大人が要求します。そして、子どもの反応を見ながら要求を少しだけ下げ、最終的には子どもの要求よりも少し多い、6問くらいの問題に取り組むように導いていきます。

このようにすると、子どもは〈問題数が減った。ラッキー〉と感じ、納得して取り組んでくれますが、**実は大人の要求が通っていて、最後に決めたのは大人という状態になる**ので、誤学習が起こりません。

厳密な計算は必要ありませんが、最終的に〈もともとの子どもの要求から2割増しになった〉と大人が感じるあたりを、落としどころにするといいと思います（だから「120%要求の法則」なのです）。ちょうど左のマンガのような感じになると理想的です。

○ 120%要求の法則を使うと

パパ〜
問題を半分の
5問にしてよ〜
調子が出ないね
じゃあ問題を
減らすけど
とても大事な
勉強だから
8問やってみよう
そんなに
できないよ〜
じゃあ
6問でいいよ
やってごらん
わかった
やってみる

61

大人に「やって」とせがむ子に▼▼▼

本人に行動を「選択」させよう

× 大人がやってはダメ

右のマンガのような出来事は、特別支援学級でも起きたりしますが、「大人が代わりにやってあげる」のは、いい対応とは言えません。子どもが〈暴れれば大人がやってくれる。自分が決定権を握れる〉と誤学習してしまうからです。

些細なことかもしれませんが、こういう場面で子どもに譲歩するのはやめましょう。「毅然と対応すること」が必要です。

ただし、まずは子どもが落ち着くのを待ってください。イライラしてコップを投げだした子に、すぐ片づけさせようとしてもうまくはいきません。望ましい行動を学習させることも不可能です。私だったら、次のようにします。

まず、子どもが少し落ち着いたところで、私が床に落ちたコップを拾います。それを子どもの前に提示して、次のように言って選択させるのです。

「自分で片づけますか？　それとも先生と片づけますか？　選んでいいよ」

どちらを選ぶかは子ども次第ですが、これで子ども自身が片づける状況をつくりだせるわけです。

ポイントは、子どもに選択させている点にあります。「片づけなさい」という指示を受け入れられない子でも、**選ばせることで、大人が決定権を維持したまま、子どもの主体的な選択で望ましい行動へと誘導することができる**のです。

コラム

不安感の強い子が増えている

近年、発達障害のある・なしとは無関係に、不安を抱えている子が増えていると感じます。経験不足、自信のなさ、家庭環境、社会情勢の変化など、背景にはさまざまな要因があるのでしょう。

不安を抱えた子どもたちに必要なのは、言葉だけの薄っぺらい励ましではありません。自尊感情（自分自身に価値を認め、肯定的にとらえる感覚）です。自尊感情は「大人と相談して不安に対処できた」という、小さな成功体験によって強化できます。その意味では、子どもが不安を訴えてきたときこそ成長を後押しするチャンスです。

不安を訴える子に「大人が解決策を教える」のはおすすめできません。不安を感じやすい子は、その後の人生でも不安感とつきあい続けなければなりませんが、いつも大人がサポートして、解決策を教えるのは不可能です。

必ず子どもと「話し合い」をし、解決策を「相談」して、本人が自分で「答え」を導き出せるよう育ててあげてください。

第6章

多動・不注意で落ち着かないときに効果的なサポート

62

子どもが落ち着かない原因①

苦痛を感じているのかも

子どもが落ち着きなく動くのには、何らかの「理由」があります。

そしてその理由は、「子どもが何かをつらく感じているから」という場合がけっこう多いのです。つまり、苦痛から逃げたくて何かをしてしまうわけですね。

私は教師なので、「子どもが落ち着かない状態」というと、「立ち歩き」が真っ先に浮かびます。立ち歩きは、低学年から4年生くらいの子によく見られる行動ですが、その原因は「学習のハードルの高さ」にあることがほとんどです。**つまり、勉強の内容が難しすぎて子どもがついていけないため、苦痛や退屈を感じて多動が起こっているのです。**

学習内容が難しすぎて立ち歩いてしまう子の場合は、次のように対応するのが基本となります。

①その子に合った教材や学習課題を用意する

迷路やなぞる教材など、その子の学力に合わせた簡単な教材を用意する方法です。立ち歩かずにその子が取り組めたら、子どもをしっかりとほめて、座り続ける意識を強化していくといいでしょう。教師と保護者の連携が必要となるので、必ず話し合ってから行ってください。

②その子も取り組める内容を組み込む

学ぶことそのものを拒否しているのでなければ、その子でも取り組めそうな内容を授業のなかで取り扱うという方法もあります。また、授業中に「その子にだけ早めに、ヒントを出す」という支援も有効です。

ここでは「立ち歩き」だけを取り上げましたが、ほかの落ち着かない行動でも、「苦痛を感じているのではないか」と推測して子どもに接してみるのは、保護者にも教師にも大切なことだと思います。

63

子どもが落ち着かない原因②

周囲からの「刺激」のせいかも

発達障害がある子は、ソワソワと動いたり（**多動**）、うまく意識を集中できなかったり（**不注意**）することがあります。

原因はいろいろ考えられますが、**子どもの五感に届く感覚刺激を調整すると、落ち着けるようになるケースがほとんどです。**だから本書では、異なる現象に見える多動と不注意をひとつの章で扱っています。

私が教室で実際に体験した、ある男子児童のケースをもとに、説明しましょう。

その子は教室の後ろのほうの席に座っていたのですが、立ち歩きをしてクラスメートを殴ってしまうことがありました。実はその理由は、2つありました。

①目に入るものが気になる

授業中に挙手する子の姿や、横に座っている子がちょっと振り向いたのが目に入ると、気になって注意がそれてしまうそうです。本人は、「目の前がごちゃごちゃするだけでイラッとしてくる」と言っていました。

②イライラが募って耐えられなくなる

視覚からの刺激が多すぎると、脳が〝いっぱいいっぱい〟になり、イライラが募ります。そしてついにはカーッとなって立ち上がり、思わず近くにいたクラスメートを叩(たた)いてしまったのでした。

この子の場合は、視覚からの刺激が多すぎたのが問題行動の原因でした。そこで私は、**この子の席を教室の前のほうに移すことにしました。**席が前のほうだと、ほかの児童の姿が目に入らなくなるので、視覚に入る刺激を減らすことができます。

こんなふうに「**感覚刺激を減らす**」のが基本です。その一方で、逆に「**感覚刺激を与える**」ほうが効果的な場合もあります。詳しくはあとの項で説明しますが、いずれにしても、子どもに届く刺激の量がポイントであることは、理解していただけるでしょう。

64

目移りして集中できない子に▼▼▼

物を減らして環境調整をしよう

発達障害がある子が過ごす環境は、できるだけシンプルにして変えないようにすることをおすすめします。

発達障害がある子は変化に敏感です。小さい変化によく気づくのです。

そしていったん変化に気づくと、困ったことが起こります。

たとえば教室には、教師が教具などを置くための棚がありますが、その棚のなかが変化していると、「なんで?」と気になって、もうそこから目が離せなくなり、先生の話にも授業にも集中できなくなる——という子が実際にいました。

家庭でも、同じようなことが起こる可能性があります。たとえば次ページのイラストBのように、いろいろなものが貼り出されたり、飾られたりした部屋では、子どもの注意が散漫になってしまうかもしれません。前項の男子児童のように、目からの刺激で脳が疲れてイライラする子もでてきます。

子どもが過ごす部屋については、掲示物や置物を最小限にして、その子の目に飛び込む情報をなるべく少なくしてください。そうすれば、子どもが疲弊したり、落ち着かなくなったりするのを〝予防〟しやすくなるはずです。

Aのような空間を整え、物を動かさないようにしましょう。

65

体が動いてしまう子に①▼▼▼

声を出す機会をつくろう

○ 発声の機会をつくる

お母さんのあとについて読んでごらん
「どうぶつ村のどうぶつたち今日はみんなで……」

× 黙って机に向かわせる

きちんと座って読むのよ～

「いつも体の一部が動いている」「すぐ立ち歩きをしてしまう」など、ADHD傾向のある子は、「動いていたい」という欲求が強く、自分では抑制がききません。

自分では動くのを止められないから「注意欠陥多動症」と呼ばれるのですが、大人はつい、そのことを忘れて、「じっとして！」と怒ってしまいます。ですが、どんなに強く言い聞かせても、効果はないでしょう。**動くことを禁じられた子どもは苦痛を感じて、かえって落ち着かなくなるばかりです。**では、どう対応すればいいでしょうか。

考えてみてほしいのですが、大人であっても、たとえば1時間、完全にじっとしていることはできません。指先、肩、足先などを少しくらいは動かしているものです。大人でもそうなのですから、「多動症」の子が動かないでいることなど、できるはずありません。

多動が見られる子には、動くことを禁じるのではなく、むしろ動ける場面をたくさんつくってあげたほうがいいのです。

最も簡単な方法は、**声に出させることです。**たとえば、

「お父さんのあとについて言ってごらん」

「声に出して教科書を読んでごらん」

などと指示してみてはどうでしょうか。教室でも、家でも、いつでも何度でも実行できる支援としておすすめです。

66

体が動いてしまう子に②

「合法的に」動いてもらおう

○ 動く機会をつくる
ガタ
ガタ
一度立ちましょう
ガタ

× 動くのを禁じる
席について勉強しなさい！
すくっ
うっ

上のように、動けるようにする支援も大切です。

一口に「多動」といっても、年齢によりその出方は異なります。低学年の子の場合は、「大きな多動」（音を立てて机を揺らす、立ち歩く、など）が出やすく、その後、中学年、高学年と学年があがるにつれて、動きが小さくなっていく傾向が見られます。

「大きな多動」が出てしまう子には、活動できる機会を増やして、動きたい欲求を満足させてあげるといいでしょう。

私がよく使うのは、「立たせる」という方法です。たとえば授業中、教室にいる子全員に起立してもらい、すぐ座らせるだけでも多動を抑えることができます。

あるいは、子どもたちに問題を出しておいて、「解けたら先生に見せに来てください」と伝えて、立って歩く機会をつくってあげる、という方法もあります。

ポイントは、大人が指示を出すという点にあります。指示で許可されていれば、子どもはほかの人から叱責や注意を受けることなく、堂々と「合法的に」動けるからです。

たとえば家庭でも、宿題や習い事をする合間にちょっと立たせたり、親子で何か別の活動（散歩やお手伝いなど）をする時間を交ぜるといいのではないでしょうか。「この問題ができたら、見せに来てね」と、宿題のときに動く機会をつくってもいいでしょう。多動への対応としては、ほかにも「センサリーツール」を導入する方法がありますが、これについては第9章を参照してください。

67

しっかり聞いてほしいときは▼▼▼

「今から話すよ」と予告しよう

◯ 呼びかけで気づかせる

タカシくん
今から
話すよ～

✕ 大きな声で指示を出す

こっちを向いて
話を聞いてね！
ビクッ

大切な話を子どもにする機会は、きっと家庭でもたくさんあることでしょう。

でも、すぐ注意が散漫になる子もいます。どう接してあげればいいでしょうか。

子どもにきちんと耳を傾けてほしいときは、私はまず、その子の名前を呼びながら、

「××くん、今から話すよ～」

「○○くん、先生話すよ～」

と呼びかけて、ゆるやかに注意を引きつけてから話すようにしています。

注意がそれてきたら、

「今、先生、話してるよね～」

といった、やさしい表現と笑顔で、かつ嫌味にならない言い方で、ゆるやかに注意を戻してあげたりもします。

大切なのは、何としても注意を戻そうとするのではなく、「あっ、見てね」という感じで、あくまで「気づかせる」ようにすることです。気づいた子どもに、自分で（言いかえると、主体的に）注意を戻してもらいたいからです。小さなことですが、主体的に取り組んだほうが、スキルは身につきやすいのです。

大人が注意・叱責して注意を向けさせるのは「その場限りの指導」でしかなく、子どもの成長にはつながりません。「気づかせる」支援に切り替えることをおすすめします。

68

子どもが注意散漫なときは▼▼▼

大人が話し方を振り返ってみよう

話し終わる前に、子どもの集中力が途切れて注意散漫になってしまった——という経験はないでしょうか。**子どもが話に集中しきれていない「不注意状態」に陥ったら、それは、〈ぼくの脳には、もう何も入らないよ！〉という心の叫びです。**何とか集中させて、さらに話を聞かせようとするよりも、大人が「話し方」や「話す内容」を調整しましょう。具体的には、次の3つを振り返って、直すべきところがないか検討してください。

①自分の話が長くないか

発達障害の子のワーキングメモリ（作業記憶）は、容量が小さいのです。話が長いと容量をオーバーして、不注意状態になってしまうので、なるべく短くしましょう（ワーキングメモリの特徴については、18ページを参照してください）。

②複数のことを伝えてないか

話のなかに含まれる情報の数が多すぎてもいけません。不注意状態になることもあれば、肝心なところが抜けて、重要でない細部だけが頭に残ることもあります。78ページに書きましたが、発達障害の子どもに何かを伝えようと思ったら、「一時一事」にするのが原則です。

③伝え方がわかりにくくないか

大人は難しい言葉を使いがちなので、気をつけましょう。たとえば学校では、低学年の子に「復唱しなさい」「給水してきなさい」と指示する先生を見かけることがありますが、「復唱」「給水」という言葉の意味が理解できない子もいます。「あとについて言ってください」とか、「水を入れてきなさい」など、平易な表現で言いかえるようにしましょう。この「言いかえ」は、いつも意識していないと、意外とできないので注意してください。

69

話が伝わりにくい子に▼▼▼

変化をつけてくり返し言おう

○ 変化をつけてくり返す

発達障害がある子はワーキングメモリ（18ページ参照）が弱いので、子どもに何かしてほしいことがあるときは、短い指示を何度も聞かせるといいでしょう。そのような指示の出し方を、**「ブロークンレコード・メソッド」**と呼びます。

たとえば、子どもが水をこぼした場合は、

「床を拭きます。床を拭きます。床を拭きます」

とくり返すわけですが、ほぼ同一のフレーズを反復すると、子どもが〈バカにされている〉と感じて、反発することもあるので注意してください。マンガに登場する大人がしているように、**言葉尻を少しずつ変化させながらくり返すことをおすすめします。**

たとえば、私が学校の授業で、子どもたちに教科書の32ページを開いてほしいと思ったときは、まず「32ページだぞ〜、32ページだ」とシンプルにくり返したあと、続けて、

「32ページだよ。そう32ページだよ。すごいなー。32ページ」

というように、変化させつつ、**ほめ言葉も交ぜながら伝える**ようにしています。

そして全員が32ページを開いたら、そこで初めて「3番の問題をやりなさい」といった具合に、次の指示に移ります。このようにすると、子どもに指示が確実に伝わります。

70

大人の話を聞いていない子に▼▼▼

肯定して注意をひこう

話の最中によそ見をしている子を見つけると、教師はつい、「○○く～ん！　○○くん、見てないよ！」としつこく呼びかけてしまいます。保護者も同じような感じで「見てないよ！」と叱責してしまうことがあるでしょう。

このような「見てない」という否定的でしつこい呼びかけは、子どもの自尊感情を損なう原因になるので、**私はあえて肯定的な言葉で子どもの注意をひき戻すようにしています。**

たとえばユウキくんという子がよそ見をしていたら、私は、

「はい、ユウキくん、見ているね」

と、強めに呼びかけます。すると、ユウキくんは声に気づいて私の方向を向くでしょう。こうやって子どもの不注意状態を解消したほうがいいのです。

肯定的な言葉で子どもの注意を戻すのは、教師にとってはとくに重要なスキルです。

教室で否定的な呼びかけをくり返すと、「ユウキくんは注意散漫」という印象が根付き、やがて周囲の子が「話を聞いて」「怒られるよ」と注意するようになります。何度も注意されるユウキくんは苦しい思いをするでしょう。ストレスがたまり生活しにくくなります。そうなるのを防ぐためにも、教師は肯定的な呼びかけをしなくてはいけません。

ちなみに、次のように隣の子に呼びかける方法もあるので、覚えておいてください。

隣の子に呼びかける方法

71

目移りして集中できない子に▼▼▼

「目のマグネット」でサポート

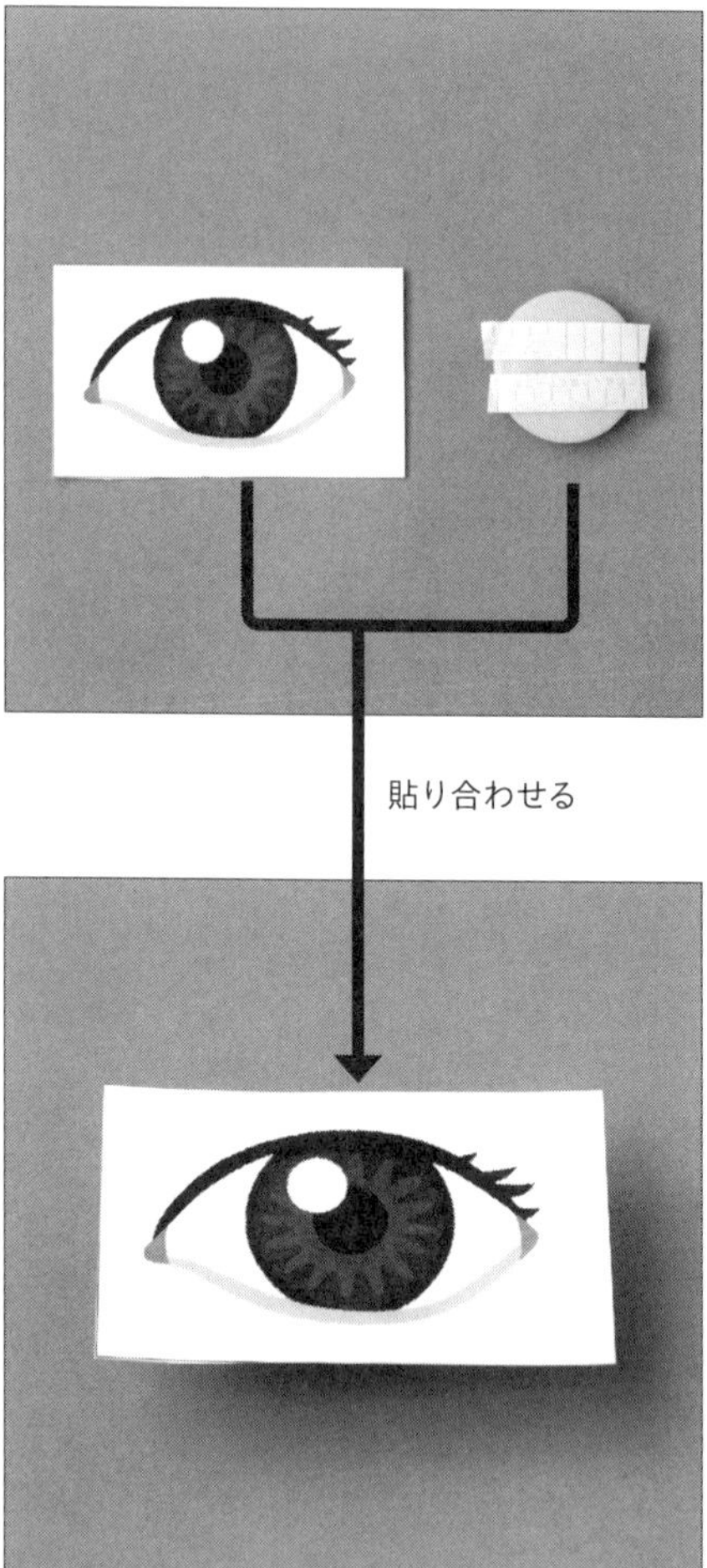

両面テープを貼ったマグネットに、目のイラストを貼り付ければ完成。イラストをラミネートしておくと、強度が出るのでなおいい

発達障害がある子は、大人が「見てほしい」と思っているところにうまく注意を集中できない場合があります。学校生活のなかでいうと、たとえば黒板全体を漠然と見てしまって、必要な箇所を注視できなくて困っている、という子がいました。

こうした「注意のコントロール」が苦手な子に対しては、

・その子の座席を前にする
・頻繁に「ここを見るんだよ」と注目をうながす
・集中力を回復させるため休憩を挟むようにする

といった支援を行うのが一般的ですが、もうひとつ私が実践していることとして、

「目のマグネットを使う」

という方法を紹介したいと思います。紙に目を描いて、裏に磁石を貼り付けただけのものですが、**これを黒板の見てほしいところに付けておくと、黙っていても子どもが自然とそこに目を向けてくれるので便利です。**

発達障害の子には、このような視覚的な支援は非常に効果が高いので、家庭でもスケジュールボードなどに「目のマグネット」を使ってみるといいかもしれません。

72

やる気になってほしいときは▼▼▼

「ドーパミン対応」が効果あり

ドーパミンは、人を意欲的にしたり、やる気にさせる働きをもつ脳内物質です。そんな脳内物質がたくさん出そうな対応を、私は「**ドーパミン対応**」と名づけて使っています（もちろん、本当に分泌されているかどうかはわかりませんが、そう呼んだほうが記憶に残りやすいと思うので、本書でも「ドーパミン」という言葉を使います）。

代表的なドーパミン対応は４つあります。

①体を動かす

これについては、すでにこの章の１９６ページなどで書きましたが、少し補足すると「椅子から立って手をブラブラさせてから、大人とタッチ」などのストレッチのような動作も、脳を覚醒させるいい刺激になります。

②高得点でほめる

「120点！」「AA（ダブルA）！」のような感じで、あり得ない高得点をつけてほめます。そこまでガッツリほめられれば、誰だって嬉（うれ）しくなりやる気が出ます。

③見通しや目的を持たせる

発達障害がある子は、この先がどうなるのか、予測するのが苦手です。でも、大人が先まわりして教えてあげれば、安心でき物事に集中して取り組みやすくなります。

④挑戦させる

その子ができそうな「新しいこと」に挑戦させましょう。新しいことに取り組んでいるときは、意識が集中するので多動が出ることもありません。

73

だらけている子には▼▼▼

「ノルアドレナリン対応」がある

この章の最後に、子どもがだらけているとき、ちょっとだけ雰囲気をピリッとさせられる「**ノルアドレナリン対応**」という方法を紹介します。

ノルアドレナリンは、緊張すると分泌される脳内物質ですが、あくまでも「ノルアドレナリンが出そうな対応をしよう」というイメージで覚えてもらいたいので、このようなネーミングにしています。要するに、子どもに少しだけプレッシャーをかける方法です。

使うにあたり、この方法が「向いている子」「向いていない子」の区別を覚えておきましょう。

●ノルアドレナリン対応が向いている子

ＡＤＨＤ傾向のある元気な子に使うことをおすすめします。ただし、何度も使うと子どもが慣れてしまって効果がなくなるので、あくまでも「ここぞ」というときに、ときどき使うだけにしてください。

●ノルアドレナリン対応が向かない子

緊張しやすい子、不安を感じやすい子、感覚過敏がある子には使わないようにしましょう。子どもを過度に緊張させ、パニックなどを引き起こす原因になります。

とくに、場面緘黙（かんもく）（特定の場面で言葉が出なくなる症状）がある子に使うのは禁忌です。プレッシャーをかけるとますますしゃべれなくなるので、絶対にやめてください。

以上を必ず押さえておいてほしいのですが、教師が授業で使ううえでは有効なメソッドです。また、家庭学習のときも保護者の役に立つかもしれません。以下、具体的に説明しますので、「ノルアドレナリン対応」３つをぜひ覚えておきましょう。

①時間、回数を制限する

教師向けに講演をするとき、私は参加者に、「2秒で自分の名前を書いてください」と言って、実際に書いてもらうことがあります。

あるいは国語の授業で子どもたちに、「『手へん』の漢字を5つ書きなさい。それができたら終わり」という課題を出すことがあります。

こんなふうに条件づけされた課題に取り組むとき、人の心身は緊張して心臓の鼓動が速まります。その適度な緊張感が集中をうながし、パフォーマンスをアップさせるのです。

私の経験上、発達障害の子に緊張感をもって何かに取り組ませたいときは、時間よりも回数を制限したほうが有効なようです。

②指名する

大人から急に指名されると、悪いことをした覚えがなくても、子どもは緊張します。その現象をうまく使うと、子どもの集中力を高めることができます。

たとえば、実際の授業場面では、教科書のあるページを開かせて、

「○○くん、立って」

と指名します。そして子どもが立ったら、続けて、

「問題3を1回読んだら座ります」

と読ませて、できたらほめて、座らせる……というふうに使うことがあります。

子どもの意識が途切れがちになって、ちょっと集中できてないな、とか、雰囲気がダラーッとしてきたら役に立つ方法です。

③子どものそばに行く

こう考えてみてください。

あなたは今、授業を受けていて、出された課題を解こうとしています。そばに先生がやってきました。そしてあなたの横に立ちました——。

どう感じますか？　きっと緊張するでしょう。大人が子どものそばに行くと、それだけでピリッとする場合もあるのです。そういう現象を利用して、いい緊張を高めるのがこの方法です。

ただし、必ずにこやかに、子どもがちょっとだけ「イヤだなぁ」と感じる程度にとどめておいてください。ずーっとそばにいると、単なる〝邪魔者〟になってしまうので要注意です。

コラム

学年によって変わる多動への対応法

子どもの学年があがったら、多動への対応も変える必要があります。低学年のときは子どもの「動きたい」という欲求を満たす対応をしますが、小学校の中学年から高学年の子には、知的に満足させる対応を重視します。

例を挙げると、たとえば私は、高学年の授業でこんな問題を出したりします。「漢字の口（くち）に2画足してどんな漢字ができるか、できるだけたくさん考えてみましょう」

こうしたクイズのような問題を好む子は多く、多動傾向があっても、たいていは夢中になって取り組んでくれます。

なお、本文でも書いたとおり、多動の動きは学年があがるにつれて小さくなる傾向があります。低学年の子が授業中に立ち歩いたり、机をガタガタ揺らして音を立てたりするのはめずらしくありませんが、高学年の子で「立ち歩き」などが見られる場合は、反抗や二次障害の可能性も考えられるので、先生やクラスメートとその子の関係を見直したり、医療機関との連携を図る、といった対処が必要になるかもしれません。

第7章

子どものパニックを防ぎ、落ち着いてもらう方法

74

パニックを防ぐならこの一言①▼▼▼

「興奮してるように見えるよ」

○ 小声で感情を代弁する

× がんばるよう励ます

イラ
イラ
辛抱してもうちょっと考えてみよう必ず解けるよ

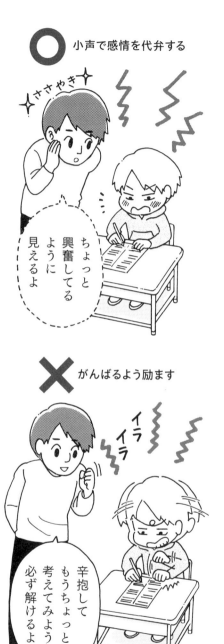

子どもが興奮してパニックになりかけているかどうかは、表情でわかります。とくに目が吊り上がっている子は、もう〝爆発寸前〟と言っていいでしょう。そんな子を見つけたとき、大人が最初にかける一言は、大きな意味を持つことになります。

私の場合は、パニックになりかけている子がいたら、そばまで行って小声で、

「ちょっと興奮してるように見えるよ」

と伝えることにしています。

まだ表情がくもっているという程度であれば、**「ちょっと不安そうに見えるよ」**と言うこともあります。

子どものほうは、「そんなことねぇよ！」と反発するかもしれないし、「実はさっき、イヤなことがあったんです」と教えてくれるかもしれません。どちらにしても会話の糸口がつかめるので、気持ちを鎮める手がかりが得られます。

これは、相手の抱えている感情を予測し、先回りして言語化する「**パラレルトーク**」と呼ばれる方法で、自分の状態を言葉で伝えるのが苦手な子に接するときは非常に重要なテクニックです。

なお、励ましや力づける言葉は子どもを追いつめてしまうので、絶対にかけないようにしてください。

75

パニックを防ぐならこの一言②▼▼▼

「笑って笑って!」とうながす

○ 笑顔になれれば解決

小学1年生くらいの子や、もっと学年が上でも、発達がゆっくりで言葉でのコミュニケーションが未熟な子に有効なのが、マンガのように**「笑って!」**とうながすテクニックです。私はさらに、子どもが笑えたら**「あ、笑えたね~!」**と言って一緒に笑いますが、これでたいてい、パニックは防げます。

ときどき「フン!」と拒否する子もいるのですが、そんなときは、「今はそういう気分じゃないんだね、ごめんね」と謝って少し時間をおいたあと、別の機会にその子を見つけたら、もう一度「笑って、笑って~!」と、うながしてみることにしています。

人間の脳は単純で、嬉しくなくても口角を上げて笑った顔をするだけで、少し気分が変わるようにできているそうです。その仕組みを利用すれば、うながして笑ってもらうだけで気分転換ができ、パニックが起こるのを回避できます。

小学生だけでなく、保育園や幼稚園に通っている子にもおすすめの方法です。逆に小学校の中学年から高学年くらいの子に試すと、〈バカにされた〉と誤解されることもあるので、注意してください。

76

パニック寸前のときの基本対応

気持ちを聞いて共感する

前項では「最初の一言」を紹介しましたが、その次に重要なのは、パニックになりかけている子を集団から離し、できるだけ一対一で話をすることです。集団のなかで対応しようとすると、子どもをかえって混乱させるので、引き離す必要があるのです。

子どもとの話は、次のような手順で進めてください。

①不安定になっている原因を聞く

「今、不安なことある?」

「今、イライラしている原因は何かな?」

と声をかけて、原因を本人の口からしゃべらせてください。これだけで落ち着きを取り戻す子どももいます。

②不安・イライラに共感する

不安やイライラしている原因を聞いたら、必ず「共感」しましょう。どんなに些細(ささい)なことであっても、本人にとっては「大問題」なのです。

「そうか。つらいよな」

「それはイライラしちゃうよね」

必ずこんなふうに言ってあげてください。

③微笑(ほほえ)み、触って、安心させる

大人が話を聞き、共感してあげたあとは、微笑みながら、背中や腕などを軽く触って安心させてあげてください。ちょっとした不安感なら、これだけで軽減できます。

すでに117ページなどで書きましたが、頭をなでられるのを嫌う子もいるので、触れる場所や触れ方には注意してください。

77

パニックになってしまったら▼▼▼

最初の支援は「遠ざけて待つ」

○ 床に座らせるのもいい

わあああん
バチン バチン
ケガしちゃうから やめて！
叩いたら ダメよ！
ギャアアアア
しばらく この部屋に いようね
ぺたん
ひっく ひっく
少し 落ち着いた みたい……

大人がどんなに〝予防〟に努めても、突発的な出来事で子どもがパニックを起こすことがあります。小学校低学年くらいの子の場合は、パニックになると激しく泣き続けたり、わめいたり、友達を叩(たた)いてしまうなどの問題行動が出ることもあるでしょう。

いざ問題行動に直面すると、大人は、「静かにして！」「やめなさい！」などと、声かけから入ろうとしやすいのですが、それではいけません。

まずは子どもを「遠ざける」必要があります。子どもの混乱の原因となっているものや場所から遠ざけて、落ち着かせるのです。

落ち着いたあとでないと、大人が何を言っても子どもには理解してもらえません。ですから、最初は次のような手順で、できるだけその場から引き離すようにしてください。

①とにかく刺激から遠ざける

パニックになったときは、聴覚・視覚・触覚などを通じて届くさまざまな感覚刺激から子どもを遠ざけなくてはなりません。

あれこれ声をかけるだけで、子どもをさらに混乱させてしまうこともあります。大人からかける言葉の数ができるだけ少なくなるように注意しながら、**まずはパニックになっている子を、人目につきにくい静かな部屋へと誘導しましょう。**

学校なら空き教室、自宅なら子どもの部屋など、いろいろ考えられます。ひとりにすると、それだけで意外と簡単に落ち着きを取り戻す場合もあります。

もし、子どもがあまりにも興奮していて、「とても部屋に連れていくどころではない！」という状態になっていたら、**その場で子どもを座らせてください。床にお尻をつけさせるのがポイントです。**

お尻が床にペタンとつくと、ほとんどの子どもがスッと一瞬力が抜けます。余計な力が抜ければ、静かな部屋に案内しやすくなるはずです。

②落ち着くまで、とにかく「待つ」

子どもを静かな部屋に案内したら、次に大人がすべきは「待つ」ことです。

子どもがパニックになったとき、大人は絶対に焦(あせ)ってはいけません。

〈パニックになった原因を早く知りたい〉

〈こういうことが何度も起こるようでは困る。すぐに何か、指導しなきゃ〉

大人としては、そう思って当然です。

しかし、混乱状態がおさまっていない子に何を言っても、気持ちがグチャグチャになっているので、理解してはもらえません。かえってパニックを再燃させてしまいます。

事を急がず、子どもが落ち着きを取り戻すまで、じっくり待ちましょう。

話しかけてみれば、子どもが冷静になれたかどうか、ある程度判断がつきますが、低学年の子は、その加減がいまいちわからないときもあると思います。

落ち着いたかどうかを判断するには、子どもの肩に注目してください。肩で息をしていたら、まだ興奮状態にあるのだと思いましょう。そんなときには、本人が「話をしてもいい」と言っても、まだ話しかけないようにしてください。

ひっく
ひっく
ひっく
肩で息してる
話しかけるのは
少し待とう

78

人や物に当たってしまうなら▼▼▼

「代替物」で大きな被害を防ぐ

子どものパニックを鎮めるための第一歩は、「遠ざけること」だと、前項で書きましたが、「自傷・他害・破壊」といった問題行動が出てしまい、なかなかおさまらないという子もいます。具体例を挙げると、

- **血が出るくらい強く、何度も壁に頭をぶつける（自傷行為）**
- **怒った拍子にクラスメートを殴る・蹴る（他害行為）**
- **手近にあるものを投げつける（破壊行為）**

といった行動です。

子どもが誰かを傷つけたり、物を壊す光景は、とくに保護者にとってはショッキングでしょうが、落ち着いて、まず「代わりになるもの」を提供しましょう。物に向かって力を発散してもらうことで、人に被害が出るのを防ぐわけです。他害行為については第8章に

譲るとして、ここでは自傷行為と破壊行為への対応について書きます。

●自傷行為への対応⬇ケガをしないものを与える

かつて私が担当したあるクラスには、パニックになると壁や机などに頭を打ちつける子がいました。そのため、何かあると毎回、ケガをして保健室に行っていました。

そこである日、パニックになったときに、「いぼいぼのついたゴムボール」を与え、「ここに頭をガンガンしていいよ」と言いました。すると、そのボールに何回も頭を打ちつけて気持ちを落ち着かせることができました。

これなら
ケガは
しないいわ
ふん
ふん
ボヨン
ボヨン

●破壊行為への対応⬇壊していいものをわたしておく

パニックになると破壊行為が出てしまう子を担当したこともあります。あるとき、またその子が不穏になってしまったので、「割りばし」をたくさん与えて、「気分が落ち着くまで、好きなだけ折っていいよ」と伝えました。すると、教室にあるものを壊す代わりに「割りばしを折る」だけですませることができました。

コラム

子どものパニックで絶対してはいけない対応

発達障害の子どもがパニックになったとき、大人が絶対にしてはいけないことがあります。それは、パニックになったことを責めるという対応です。

子どもは、私たち大人のように、感情を抑える力を十分に身につけているわけではありません。ですから、パニックになるか・ならないかは、子ども自身にはコントロールしにくいことなのです。

本書ではこのあと、子どもに「気持ちの落ち着け方」を学んでもらったり、練習してもらう方法を紹介していきますが、パニックにならない方法をいろいろ考え、たくさん練習したとしても、そのあと、子どもがパニックになってしまうことは必ずあります。

でも、それは仕方のないことです。その「仕方のないこと」を責められると、子どもはとても苦しい思いをすることになります。子どもに余計な苦しみを与える必要はありませんよね。だから、パニックになったことを叱ったり、責めたりする対応は絶対にやめてほしいのです。

79

子どもを落ち着かせるために▼▼▼

「イライラ度」を教えてもらう

「イライラ度」を表現するための
スケールの一例

パニックになっていた子が落ち着いてきたら、次に大人がするべきことは、**「子どもに『イライラ度』を表現してもらうこと」**です。表現してもらうことで子どもの気持ちがわかり、言葉をかけていいかどうかも、より正確に判断できます。

イライラ度の確認で役に立つのが、右ページのような、怒りの程度を表現したスケール（ものさし）です。このような絵を用意して、子どもと次のようにやりとりします（以下、親子の間でのやりとりとして書きます）。

親「今のイライラ度は、1〜10のあいだのどこかな？　指をさしてごらん」

子（「5」を指さす）

親「イライラ度がいくつになったら、話をしていい？」

子（「4」を指す）

このように、子どもに基準を決めてもらいます。その後、少し時間をあけて、

親「今のイライラ度はいくつかな？」

子（「3」を指す）

というふうに、イライラ度が基準以下になってから指導を行いましょう。基準以下になっていなければ、時間をおいて再度、「イライラ度」を確かめ直してみましょう。

80

〝再発〟を防ぐために①

子どもと「予防法」を話し合う

子どものパニックがおさまったら、それで大人の対応が終わるわけではありません。次回、同じような場面に遭遇したとき、子どもがパニックを起こさないですむようにしたいものです。そのためには、大人が一方的に教えるのではなく、まず状況を振り返って、どうすればパニックを防げたかを子どもと一緒に考えなければいけません。

子どもが落ち着いてきて、話ができる状態になったら、次のような手順で教えていくのが私のやり方です。

①子どもに状況を思い出してもらう
②パニックになっていく過程を、順番をつけて書き出す

③書き出したなかで、いちばん頭にきたところを選ばせる
④どのように行動すればパニックが防げたのかを一緒に考える
⑤落ち着いて行動を振り返れたことをほめる

こうやって「落ち着いたら一緒に行動を振り返り、対策を考えてほめる」ということを、根気強く、何回もくり返すと、子どもがパニックを起こしにくくなっていきます。

具体的には次ページで再現しますが、この手順のなかで、最も大切なのは⑤です。**大人は必ず、「子どもが自分の行動を分析できた」ことをほめるようにしてください。パニックになったときに最もつらい思いをしているのは、子ども自身です。**そして大人は、その「つらかった体験」を思い出させているのです。

思い出させること自体が、子どもにはかなりの負荷になるので、絶対に、「落ち着いて自分の行動を振り返ることができたね。本当にえらいね」といった感じの、あたたかい言葉をかけてあげてほしいのです。同時に、「次はパニックにならないようにできるよ。大丈夫だよ」と励ましてあげてください。

パニックの再発を防ぐ

絵をからかわれてパニックになった子を例に説明します

①状況を思い出してもらう

うん うん
絵を描いてたらサトウくんが…

②順番をつけて書き出す

紙やホワイトボードなどを使って大人が整理します

① 絵を描いていて気分がよかった
② 右耳がうまく描けずイライラした
③ 描き直してもダメで、もっと
イライラした
④ サトウくんに「変な耳」と言われた
⑤ 絵を消そうとしたら紙が破れた
⑥ パニックになった
パニックになるまでの
過程を書き出してみる

③いちばん頭にきたところを選ばせる

選ばせることで、原因を子どもに自覚してもらえます

④パニックを回避する方法を考える

何が最適か、子どもと相談して決めましょう

⑤行動を振り返れたことをほめる

最後は子どもをほめて終わります

81

〝再発〟を防ぐために②

「合い言葉」を決めて練習する

練習はこんなふうに

だっ
先生！限界です
上手に言えてる！
NICE☆
念のため教室の外に出てもう一度練習しておこう
はーい
てくてくてく
だっ
先生！限界です

普段からこのような訓練を重ねておくのが大事です。

自分がパニックになりそうかどうか、間違いなくわかるのは子ども自身です。「パニック寸前」のとき大人に申し出てくれれば、大人もその子を休ませてあげることができ、余計なトラブルを防げます。だから私は、**子どもと「合い言葉」を決めておいて、混乱しそうなときに言いに来るように伝えています。**

たとえばマンガのカズオくんとは、「先生！　限界です」という合い言葉を決めたうえで、「興奮して騒ぎだす前に、先生に『限界です』と教えてください」と伝えました。そして、マンガのように、言いに来る練習までさせたのです。

子どもと取り決める合い言葉は、何でも構いません。

「お母さん、話を聞いてください」

「お父さん、イライラＭＡＸです」

とか、あるいは、

「お時間です」

など、ほかの人からは合い言葉とわからないようなものでも構いません。大事なのは、何度も練習をくり返して、身につけさせることです。そして、実際に報告できたら、**「よく報告に来られたね！」**とほめましょう。子どもは自分の感情をコントロールしようとがんばっています。その姿勢をほめ、子どもを後押しすれば、自制心が育っていきます。

82

〝再発〟を防ぐために③

落ち着ける方法を見つけておく

言葉で十分なコミュニケーションができる子や、小学校の中学年から高学年になって、ひどく興奮することが少なくなった子とは、あらかじめ「自分の落ち着け方」を相談して決めておくと、パニック予防につながります。

私は子どものタイプによって、次の2パターンを使いわけています。

①多動傾向が強い子⬇「落ち着く言葉」を決める

ADHDの傾向が強く出ている子には、その子と話し合って、「これを口にすれば気持ちが鎮まりそう」という言葉を決めます。

たとえば、ツバサくんという男子がいたとして、「我慢だツバサ」という言葉を選んだとしましょう。そうしたら大人が、

「自分の思いどおりにいかなかったら、目をつぶります。そして、自分で決めた言葉を3回くり返します」

と教えたうえで、「我慢だツバサ。我慢だツバサ。我慢だツバサ」と唱える練習をさせましょう。ADHD傾向が強い子は、視覚的なイメージを思い浮かべるのが苦手なことが多いので、言葉を決めるのです。

②自閉傾向が強い子⬇自分の好きなものを思い浮かべるように伝える

こだわりの強さなど、自閉スペクトラム症の特性が強く見られる子には、好きなものを思い浮かべる方法が向いています。思い浮かべるものは、物、色、アニメ、風景など、子どもが自分で決めたものであれば何でも構いません。

たとえば、子どもが「クマのぬいぐるみ」を思い浮かべることに決めた場合は、

「自分の思いどおりにいかなかったら、目をつぶります。さっき決めた『クマのぬいぐるみ』を10秒間思い浮かべます」

と教えて、その場で思い浮かべる練習をさせましょう。自閉傾向が強い子は、視覚的イメージを思い浮かべるのが上手なので、言葉より映像のほうがおすすめなのです。

コラム

挑戦できた時点で子どもをほめよう

「イライラしていることや、パニック寸前であることを、大人に報告する」というスキルを、子どもに教えましょう――そう私は本文で書きました。

このスキルを身につけさせたいのなら、とにかく子どもと練習をくり返しましょう。感情が高ぶっても、自然にスキルを発揮できるよう、文字どおり「身につけてもらう」意識で、何度も子どもに練習させることをおすすめします。

そして、子どもが報告に来られたら、大人はここぞとばかりに徹底的にほめてください。もしかしたらその子は、報告に来た時点でイライラしているかもしれないし、大泣きしているかもしれません。でも、いいのです。報告に来た子は、「自分の気持ちを自覚して、制御しようとしている」のです。大人に頼りながらではありますが、感情をコントロールしようとしているわけです。そのがんばりに目を向けて、ほめてあげましょう。

挑戦し続ければ、いずれは自力で感情を抑えられるようになります。結果だけでなく、「挑戦した」という点に目を向けて「ほめる」ことで、後押しをしてあげてください。

第8章

他害行為（暴力）が出てしまったときの対応法

83

必ず理解しておくべきこと▼▼▼

暴力は「子どものメッセージ」

他害行為、すなわち他者への暴力や暴言などが出てしまう発達障害の子は、確かにいます。しかし、彼らも好きで暴れたり、殴ったりしているわけではありません。

小学校低学年くらいの子がそんな乱暴に及んでしまうのには、必ず何らかの理由があります。とくに、**「彼らなりに表現したいことがあり、でもそれを言葉で表すだけの能力がないから」暴力に出てしまう**子は、よくいます。

そもそも子どもは、大人ほど言葉を上手に操れるわけではありません。使える語彙（ごい）も（とくに発達障害がある子は）限られています。

諸説ありますが、定型発達の子は、6歳までに2400～3000語を獲得しているといわれています。しかし、発達障害がある子がそれと同じだけのボキャブラリーを獲得できているとは限りません。

他害行為をする子に、「どうしてそんなことをするの？」と尋ねた経験のある大人もいるでしょう。でも多くの場合は、

「わからない」

「知らない」

と素っ気なく言われたり、もしくは、子どもが黙ってしまうケースが多いのではないでしょうか。

これは、子どものなかに、「自分の気持ち／やりたいこと／伝えたいこと」をうまく言語化できるだけの能力がまだ育っていない証拠です。

子どもは言葉で表現できないから、やむなく行動で表現しているのです。

「言いたいことがある」「拒否したいことがある」「してほしいことがある」——そんなときに他害行為が出るのです。

つまり、他害行為は、その子なりの表現であり、メッセージです。そのように理解することが、子どもの暴力を解決する第一歩です。

84

暴力を未然に防ぐ方法①▼▼▼

まずは「環境調整」をしよう

暴力や暴言など、他害的な問題行動を未然に防ぎたいと思ったら、なによりもまず、子どもをとりまく「環境」に目を向けなくてはいけません。環境から子どもが受け取る何らかの刺激が、問題行動の原因になっていた、というケースはとても多いのです。

問題行動を〝予防〟したいのであれば、環境を整える支援、すなわち「**環境調整**」は必須です。そしてその際には、**「環境」のなかに人間も含まれる**、ということを忘れないようにしなければいけません。

たとえば私は、学校では次の3つに着目して、子どもをとりまく環境を整えるようにしていました。

①生活環境を整える

なによりもまず、「静かな環境」を用意しておくのが基本です。

子どもがひとりで落ち着いて過ごせる部屋が確保できれば理想的ですが、それができなくても、カーテンやパーティションでしっかり区切られた空間をつくっておけば、そこで子どもに休んでもらうことができます。

また、190〜193ページで書いたように、子どもの席を前のほうに移したり、掲示物を減らしたり、あるいは物の置き場所をできるだけ変えないようにして、視覚からの刺激を減らすのも大切なことです。

②人的環境を整える

たとえば発達障害の子が、仲のよくない子や、ちょっかいを出す子の隣に座らされていないか、よく確認してください。子ども同士の関係にもっと注意を向けてみてほしいのです。すると、

〈あの子の隣の席に座らせるのはやめよう〉

〈あの子は優しく手伝ってくれるから、席を近くにしておくといいかも〉

といった発想が浮かんでくるのではないでしょうか。そんなアイデアを実行に移すのも立派な支援です。

大人が子ども同士の間に入って〝クッション〟の役割を果たしてもいいでしょう。たとえば、休み時間に友達と遊んでいるときに問題行動が起きやすい子がいたら、教師も一緒に遊びに加わって、うまくコントロールしてあげるという方法もあります。

③大人が刺激になっていないか

最後に、これが意外と見落とされがちなのですが、周囲の大人が問題行動の原因になっていることがあるので、注意してください。

たとえば私は、こんな経験をしたことがあります。普段はおとなしくて、先生や友達とも仲のいい子が、どうしたわけか乱暴なことをするので、落ち着かせてわけを尋ねると、「ぼくは一生懸命やっていたのに、教頭先生に怒られた」と言います。掃除の時間、ちょっと一息ついたのを、たまたま通りかかった教頭に見咎(みとが)められ、厳しい言葉で注意されたためイライラしていたのでした。

このように、厳しすぎる大人がいる環境では、子どもの不安感も強くなるので、問題行動が出やすくなります。

自分自身も含めて、大人が次のようなことをしていないか、よく振り返ってみましょう。もし思い当たることがあれば、ぜひとも言動を改めてください。

×声が大きい
×言葉が高圧的・威圧的
×叱り方が厳しすぎる

家庭のなかでも穏やかに過ごせる環境が整っているかどうか、保護者のみなさんもよく振り返ってみてください。

・静かな場所が確保できているか
・きょうだい児や近所の子などとの関係はどうか
・自分自身や、ほかの大人が刺激になっていないか

これらを見直し、子どもの安心感を高められれば、粗暴な行為を減らすことは十分できるのです。

お前はオレをバカにしてるのか！
もう許さないからな！
×声が大きい
×言葉が高圧的・威圧的
×叱り方が厳しすぎ

このような接し方は絶対にしてはいけない

85

暴力を未然に防ぐ方法②

「発生条件」を見極めておく

○ 背景を探る意識を持つ
イライラ
ずいぶんイラついてるけどさっき何があったっけ…？
Jimmy
× 行動や態度に目を奪われる
トラブルを起こしそうだから目が離せないな！
ダン

原因を探る思考がなければ他害行為はなくなりません。

子どもが暴力をふるってしまう背景に、何らかの「**発生条件**」が存在していることがあります。たとえば私は以前、チャイムの音でイライラして、クラスメートを叩いてしまう子を担当していたことがありますが、その子にとっては「チャイムの音」が暴力の発生条件になっていたわけです。

普段の生活のなかで、この「発生条件」を見極めるようにすれば、他害行為を〝予防〟したり、一度出た他害行為が〝再発〟するのを抑えたりすることができます。

具体的には、子どもにイライラ・怒りなどが見られたとき、その前後で、

・**何が起こったのか／起こらなかったのか**
・**何が存在していたのか／存在していなかったのか**
・**誰がいたのか／いなかったのか**
・**何かが聞こえたのか／聞こえなかったのか**

を検証するようにしてください。そして、暴力を引き起こしかねない要素（危険因子）を減らし、子どもが落ち着ける要素（保護因子）を増やせないか、考えてみましょう。すると、イライラ・怒りが他害行為へとつながるのを防ぐ方法が見えてきます。

たとえば先ほどの「チャイムの音でイライラする子」の場合は、チャイムが鳴る直前にイヤーマフを用意してあげることで、問題を解決できました。

86

子どもを悪者にしないために▼▼▼

何もないときこそ「声かけ」を

暴力が出やすい子ほど、日常の何気ない場面で意識的に声をかけてあげてください。

「今のタロウくんは、とても優しいよね」
「お手伝いをしてくれて、とても助かったよ」
「座ってノートに書いているということだけでも、相当すごいんだよ」

などとほめてほしいのです。

大人は、子どもが乱暴な行いをしたときは反応します。逆に、何事もないときは反応しないのがふつうです。でも実は、それではダメなのです。

「何もないときには、声をかけない。でも、問題行動が出たらすぐ叱る」という接し方をしていると、**日常生活のなかで、その子の問題行動ばかりが強調されてしまいます。**子どもは自分の悪い面だけを見られているように感じて、傷ついてしまうでしょう。同時に周囲の人には、〈あの子は乱暴なんだ〉という印象が植えつけられてしまいます。

そんなふうに〝乱暴者〟認定された子は、以後、悪い面ばかりが焦点化され、いい面には注目されにくくなります。いったんそうなってしまうと、子どもはどんどん「生きづらさ」を募らせていくばかりとなります。

98ページで書きましたが、誤学習の原因となるので、偶然起こったことを何でもかんでもほめるのは控えなければいけません。

その点は気をつけつつも、他害行為が出やすい子については、何もないときこそ声をかけて、ほめるようにしてください。そうやって、**「この子は、本当は悪い子ではない」ということを、周囲に、そしてその子自身に伝え続けてほしいのです。**

授業中に
ちゃんと座って
勉強できてる!
十分えらいよ

87 体に触れずに止めよう

暴力が出てしまったら①

大人が割って入る

力で止めようとする

発達障害がある子が、ほかの人に暴力をふるってしまった場合、大人が真っ先にしなければならないのは、

「暴力に及んでいる子を止める」

これにつきます。実際に子どもを制止する場面では、前ページの下のイラストのように、体に触れて止めるという大人が多いのではないでしょうか。

しかし、加害者になってしまった子どもを後ろから羽交い締めにしたり、腕や体をつかむのは極力、避けるべきです。子どもをかえって興奮させてしまうかもしれません。

子どもを止めるときは、加害者の子のほうを向いて、大人が割って入りましょう。

次にそのまま腕を広げて、「まあまあまあ……」などと言葉をかけながら、徐々に加害者の子に近づきます。このとき、決して体に触れないようにしてください。

前から大人が少しずつ迫ってきたら、興奮している子であっても後ずさりするはずです。そうやって「大人が近づき、子どもを後ずさりさせる」という方法で、少しずつ、加害者の子を被害者から遠ざけます。

最後に頃合いを見て大人が真横に並び、両肩を軽く抱いてあげて、空いている部屋など、静かな環境へと誘導していきましょう。これが正しい止め方です。次ページにイラストで手順を再掲するので参考にしてください。

① 大人が割って入る
まあまあ
② 少しずつ遠ざける
③ 静かな場所まで誘導
touch

ひとりになってもまだ興奮が冷めないようであれば、**殴っていいものを与えましょう。**

殴った子どもがケガをしないようなものであれば、何でも構いません。

私の場合は、空気を入れてふくらませる巨大な人形を用意しておきました。

下部におもりが入っていて、殴って倒してもまた起き上がってくるタイプのものです。

そのような人形をあらかじめ用意しておいて、他害行為が出てしまう子に、

「好きなだけ殴っていいよ」

と伝えるようにしていました。

この「人形を使う」という方法は、他害行為の〝予防〟にも使えます。

昔、パニックになると友達を殴ってしまう子を担当していましたが、その子に人形を与えて、「これを好きなだけ殴っていいよ」と伝えると、友達に殴りかかることが少なくなりました。ときどき人形を殴って、イライラを発散させていたのかもしれません。

88

暴力が出てしまったら②▼▼▼

「他人事メソッド」が有効

暴力をふるった子を前にすると、大人も軽い興奮状態になりがちです。だから、加害者となった子を静かな場所まで誘導したあと、すぐ、

「友達を叩いちゃダメだ！」

などと叱ってしまう人がいますが、他害行為の「直後」に何を言っても、効果はないと思ってください。子どもの脳は、まだ、「思わず暴力をふるってしまうほどの興奮状態」にあるので、大人の言葉は記憶に残りません。

まずはクールダウンさせましょう。落ち着くのに1時間以上必要な子もいますが、**最初は「落ち着くまで、大人が待ってあげる」ことが大事です**（落ち着いたことを確認する必要がありますが、その際は230〜231ページに紹介した方法を参考にしてください）。

子どもが落ち着いたあとにおすすめしたいのは、「**他人事メソッド**」です。

170ページで紹介した、「君には関係ないかもしれないけど……」と最後に言い足す方法は、大人の言いつけになかなか従わない子に有効な方法でした。

もしも他害行為に出てしまったのが、普段は聞き分けがいい子であれば、左のマンガのように、最後に望ましい行動をうながす言葉（「○○くんは、どうしたい？」）をつけ加えるといいでしょう。子どもの性格によっては、行動を後押ししたほうが効果的なのです。

他人事メソッド　その2

先生の弟の話だけどね
一度　友達を殴ってしまって
両方の親が出てきて大変な騒ぎになったことがあったんだ
その場ですぐ謝っていたらそんなことにはならなかったのにね
……
アッシくんはこのあとどうしたい？

89

〝再発〟を防ぐために①

「救援スキル」を教えておく

○ 助けを求めてもらう

叩きそうに
なったら
「困ってます」
と言いにおいで

✕ 禁止し、約束させる

もう
叩かないこと！
約束ね

他害行為に出てしまうとき、子どもはかなりの興奮状態にあります。大人が暴力を禁じて、「もう乱暴しない」と約束させても、その言葉は子どもが興奮した瞬間に消し飛んでしまうので、守るのは困難です。

そのような約束よりも役に立つのは「**救援スキル**」です。

発達障害がある子は、うまくいかなくて、困っているけれども助けを求められず、だから暴力という行動で表現しているのです。事前に「困っているから、助けて」と大人に伝えられれば、暴力はなくなるはずです。だから私は、

「手を上げる前に、先生に相談においで。『先生、困ってます』と言うんだよ」

と伝えて、その場で子どもに何回か、言いに来る練習をさせます。

さらにそのあとは、その子の生活をよく観察するようにします。そして、その子がイライラを募らせて、手が出そうになっている様子が見られたら、

「困っているように見えるな。助けてあげるよ。『先生、困ってます』と言えるかな」

と声をかけて思い出してもらい、教えた「救援スキル」を実行させ、実行できたらほめて、「スキルを使えた」という成功体験を積ませています。

強く叱って、その恐怖で他害行為を抑制しようとする大人もいますが、この方法のほうがずっと効果があるのでおすすめです。

90

〝再発〟を防ぐために②

「気持ちの表現方法」を教える

この章の冒頭で、暴力は「子どものメッセージ」だと書きましたが、子どもがそのメッセージ（つまり、自分の気持ちや要求）を言葉で伝えられるようにする、というのも有効な支援になります。

具体的には、暴力が出てしまったあとで、「**その行為に及ぶ前の子どもの気持ち・要求などを、大人が汲みとって言語化する**」ということをしてあげます。

たとえば、悪口を言われてカッとなり、手が出てしまった子には、こう伝えます。

「『悪口はイヤだよ』と言おうね」

また、話し声にイライラして友達を叩いてしまった、という子には、こう教えます。

「『静かにしてほしい』って言ってくれると嬉しいな」

このように、**子どもが使えるフレーズを埋め込んでその子の思いを代弁します。** さら

に、そのフレーズを使って子どもと気持ちを伝える練習までできれば、もう完璧です。

ただし、子どもに「次からは、そう言おうね。約束だよ」と念を押すのはNGです。念押ししてしまうと、次に他害行為が出てしまったとき、子どもは〈約束が守れなかった〉と感じて落ち込むかもしれません。念押しした大人のほうも、つい「前回、約束したよね」などと追い打ちをかけてしまうことがあるからです。

○ フレーズを教える
「悪口はイヤだよ」と言おうね

× 子どもに約束させる
「悪口はイヤだよ」と言おう！・・・約束だよ

91

〝再発〟を防ぐために③

子どもと「代替行動」を決める

代替行動の例

ひとりになる

殴っても問題ないもので発散

好きなことで気を紛らせる

暴力以外で「気持ちを鎮めたり、イライラを発散する方法」を決めておいて、他害行為の予防に努めるのも立派な支援です。ただし、暴力の代わりにする行動（**代替行動**）は、大人が指示するのではなく、子どもと相談して、子どもに決めさせてあげてください。

一例ですが、私はイライラすると友達を殴ってしまう子と、

「イライラしたときは、保健室に行く」

「人にあたるのではなく、紙を破ってみる」

などの行動を取り決めたことがあります。

この支援で大事なのは、子どもが代替行動にトライして、最後にはうまくいかず、友達を叩いてしまったとしても、「できなかったこと」を責めるのではなく、

「前回と比べて、0・1秒でも止めることができたかな？」

と、大人が穏やかに質問することです。代替行動を決めた時点で、子どもには〈ちょっとは我慢しよう〉という意識が芽生えています。つまり、成長しているのです。「止めることができたかな？」と問いかければ、子どもは我が身を振り返って〈前回は暴力をふるってしまったけど、今は我慢することを意識できるようになった〉と認識できるでしょう。

そんなふうに、自分の成長を認識させ続けてあげると、やがて暴力に向かってしまう衝動を自分の力で抑えられるようになります。

コラム

とっさの代替行動でトラブルを回避したケース

子どもの問題行動の理由が、すぐにはわからないことも多いはずです。

たとえば私は、ある課外活動で、クラスの子どもたちを連れて美術館に出かけたことがありました。ところが、そのなかのひとりが、地面に敷かれた石を拾って、建物のほうに全力で投げ始めたのです。

なぜそんなことをするのか、理由はまったくわかりませんが、ガラスや通行人に当たったら、大変なことになるのは明らかでした。そこで私も石を1個拾い、その子の横に立って、「足元のジャリに投げよう！　はい、1回目！」と言って、まず自分が投げました。

石がガツンと音を立てるのを見た子どもも、地面に投げ始めます。そこで私は、「こっちのほうが気持ちいいよね！」と言って、子どもが足元に石を投げ続けるのを見守りました。そして、子どもが落ち着いたところで、「どうしたの？」と尋ねて、解決へ導いたのです。このように、とっさに代替行動を提案することで、問題行動が大きなトラブルにつながるのを防ぐことができます。

第9章

道具を使って支援を広げよう

92

多動を解消する道具①

足で踏む「ふみおくん」

上の写真のような形状で、ブルー、レッド、グレーの3色がある。下の写真のように椅子（または机）の脚を穴に通すか、穴と脚が合わないときは、カラビナを別途購入して脚に固定して使う

多動は、動く機会をつくる——つまり、「動き」という感覚刺激を子どもに与える——ことで解消できますが、道具を使うと「動いても大丈夫」な環境を整えやすくなります。

子どもの感覚に働きかけ、行動調整をうながすための道具を「**センサリーツール**」と呼びますが、私は縁あって「**ふみおくん**」（製造・センサリーツール研究所、販売・株式会社 教育技術研究所）というグッズの研究開発に関わったことがあります。

このツールは、簡単に言うと、机や椅子に装着して使うゴム紐（ひも）です。これを使うと、子どもは机に向かいながらゴムを踏んで好きなときに「動く」ことができます。音はほとんど出ないので、周囲の迷惑にもなりません。教育現場で何度も使ってきましたが、

「これ（ふみおくん）があると集中できる」

「とても気持ちがいいので落ち着く」

と、子どもたちも喜んでいました。ある先生からは、机や椅子をガタガタしていた子が静かになったという報告をいただいたこともあります。

材質と形状にこだわったので、ふつうのゴムバンドと異なり、足裏から刺激がしっかり伝わります。

また、先端の輪を3個だけ、少し小さくしてあるのも特徴です。ここを切り取って子どもに持たせると、手で扱うセンサリーツール（次ページ参照）になります。

93

多動を解消する道具②▼▼▼

「お手玉」を子どもに持たせる

多種多様な形状、中身のお手玉があるので、子どもに合ったものを選ぶとよい。上の写真は一例。下のようなボールを使うと集中できる子もいた

センサリーツールには手で持って使うものもありますが、そのなかでも最も簡単に用意できるのは「**お手玉**」です。もしかしたら、読者の家にもあるかもしれませんね。

たとえば、なかなか勉強に集中できない子がいるとします。試しにその子に1個、お手玉を与えて、いじりながら勉強してもらいましょう。すると、机に向かっていられるようになることがあります。

私が試した限りでは、**中身が小豆（あずき）のお手玉が最も役に立ちました。**小豆の感覚が、子どもにはとくに好まれるようです。

お手玉以外にも、市販の道具としては「**フィジェット・トイ**」などと呼ばれている玩具がおすすめです（fidget（フィジェット）とは、「いじくりまわす」などの意味がある英語です）。

私がよく使うのは、サイコロのような立方体の表面に、いろいろなタイプのスイッチがついた製品です。そのスイッチを押したり回したりすることで、多種多様な感覚刺激が得られるようになっています。このグッズがあることで、音楽の授業に出席できるようになった子もいました（次ページのコラムを参照）。

いくつかの企業から販売されていて、球体、十二面体、ゲームのコントローラーの形をしたものなどもあります。興味のある方は、インターネットの通販サイトでキーワード検索してみてください。

コラム

センサリーツールで聴覚過敏に対応したケース

発達障害の子どものなかには、音が聞こえすぎる「聴覚過敏」（42ページ参照）のある子がいます。私が以前担当した「タカシくん」という男子も、そんな子でした。

タカシくんは音楽の授業が苦手で、音楽室に入ることができませんでした。さらに、音楽の授業が始まると校内を歩き回ったり、イライラしてクラスメートを叩(たた)いたりすることもありました。そうした数々の問題行動の原因を探っていった結果、タカシくんに聴覚過敏があることがわかったのです。

この場合、タカシくんへの支援としてすぐ思いつくのは、「音楽の授業は欠席させて、音の少ない静かな環境で自習させる」ことでしょう。つまり、苦痛の原因となる刺激が減るように「環境調整」をするわけです。

これは、支援の方向性としては悪くありません。ですが、この方法だと、彼はもう音楽の授業を受けられない、ということになってしまいます。それはそれで、残念ではないでしょうか。

私はあえて、「違う刺激を入れる」支援を試すことにしました。何をしたかというと、音楽の授業のとき、タカシくんに「Fidget Cube（フィジェットキューブ）」というセンサリーツールを持たせたのです。このツールを持たせて授業中にいじってもらえば、手からの刺激で注意が分散し、聴覚からの刺激を和（やわ）らげられるのではないか、と考えました。

この支援は大当たりで、タカシくんは、

「これ（フィジェットキューブ）があると、あまり音が気にならない」

と言って、音楽の授業を受けられるようになったのです。

アメリカの学校へ視察に行ったときの経験から発案した支援でしたが、感覚刺激を減らす方向に環境調整するのではなく、逆に刺激を追加するとうまくいく場合もあることを、読者のみなさんにも覚えておいてほしいと思います。

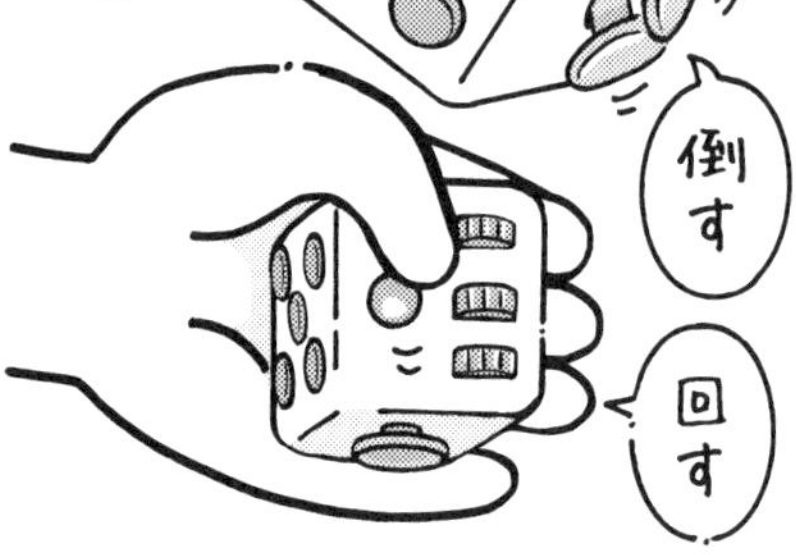

94

だらーっとした姿勢の改善に▼▼▼

「ビーズクッション」を使う

上は、著者が実際に教室で使ったビーズクッションの一例。下の写真の子は斜めにしか座れなかったが、ビーズクッションで姿勢が改善した

腰を立ててまっすぐ座ることができない、という発達障害の子を学校でよく見かけます。そういう子は、体幹の筋力で姿勢を維持するのが難しいのです。だから、「肘(ひじ)をつく」「背中を背もたれに預ける」「頬杖(ほおづえ)をつく」といったかたちで体を支える支点をつくって、なんとか椅子に座っているわけです。

ですから、大人が「姿勢を正しく！」と怒っても、子どもを傷つけてしまうだけで効果はありません。姿勢を改善させたいなら、ホームセンターなどに売っている「**ビーズクッション**」を使ったほうがいいと思います。

中身がビーズなので、座るとお尻や太ももの形に合わせてクッションが変形します。すると、両太ももと腰まわりがしっかり支えられた状態になるので、姿勢を保持しやすくなるようです。

クッションの大きさについては、子どもの好みに合わせましょう。椅子の座面と同じくらいの大きさのもので十分、という子もいれば、「背中までしっかり包まれていたほうがいい」と言って、とても大きなクッションを使いたがる子もいました。

余談ですが、ヨガなどで使われる「**バランスディスク**」をビーズクッションの代わりに使っても、姿勢維持に役立ったことがありました。

95

行動の切り替えをうながす道具①

「タイムタイマー」がおすすめ

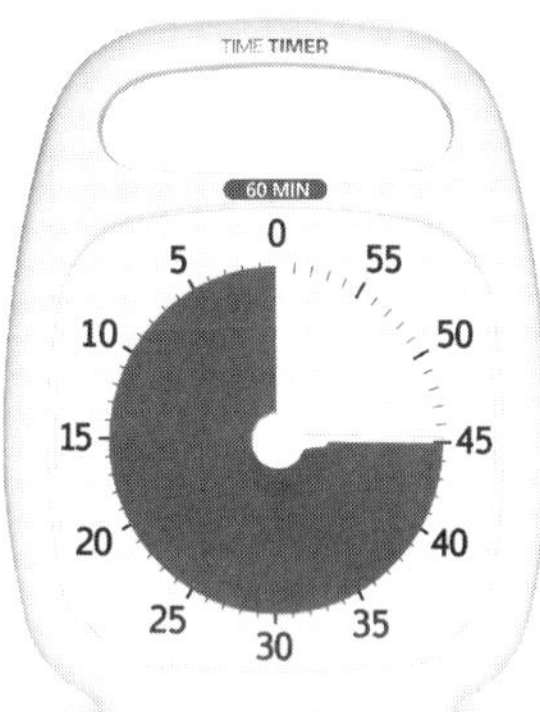

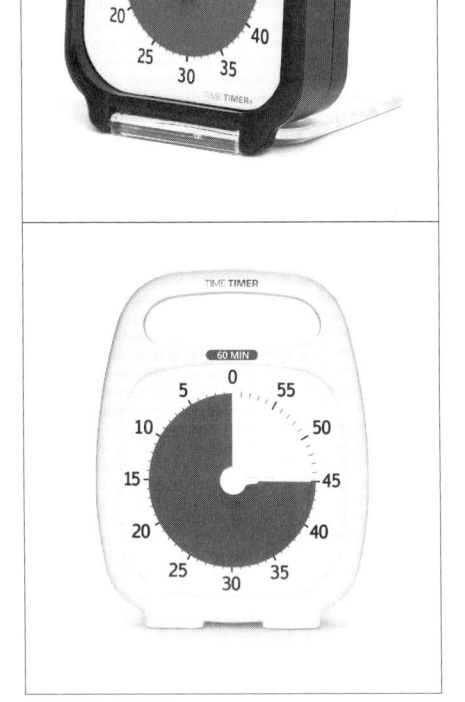

写真はタイムタイマーの一例。正規品は、秒針音が気にならない静音設計で集中しやすく、アラーム音も短めなので、音に過敏な子どもでも安心して使える

ある行動から別の行動へと切り替えることを「シフティング」と言いますが、シフティングは、「あとどれくらいで終わるか」（＝残り時間）を、子どもが理解していると、スムーズに進みます。

残り時間を子どもに把握してもらい、効果的にシフティングをうながせる道具としておすすめなのが、「**タイムタイマー**」（製造・Time Timer社、販売・株式会社ドリームブロッサム）です。残り時間が面積で表示され、時間の経過とともにその面積が狭くなるようにできているのが特徴です。

一般に、家庭や教育現場では、デジタル式のタイマーがシフティングのために使われます。アラーム音で終了を知らせてくれるので役には立ちますが、子どもは「残り時間」までは理解できていない可能性があるので、注意が必要です。

大人はタイマーの数字が減るのを見て、「残り時間が少なくなっている」と理解できます。時間を量的なイメージでとらえる力（**時間の保存概念**）があるわけです。

ところが、発達障害がある低学年の子は、時間の保存概念が未発達な場合もあります。そんな子は、タイマーの数字を見せられて「あと3分」と言われても理解できません。

ですから、子どもに効果的に切り替えをうながすためには、「時間が量的に表現されている道具」を選ぶほうが望ましいのです。

96

行動の切り替えをうながす道具②

「砂時計」を複数用意する

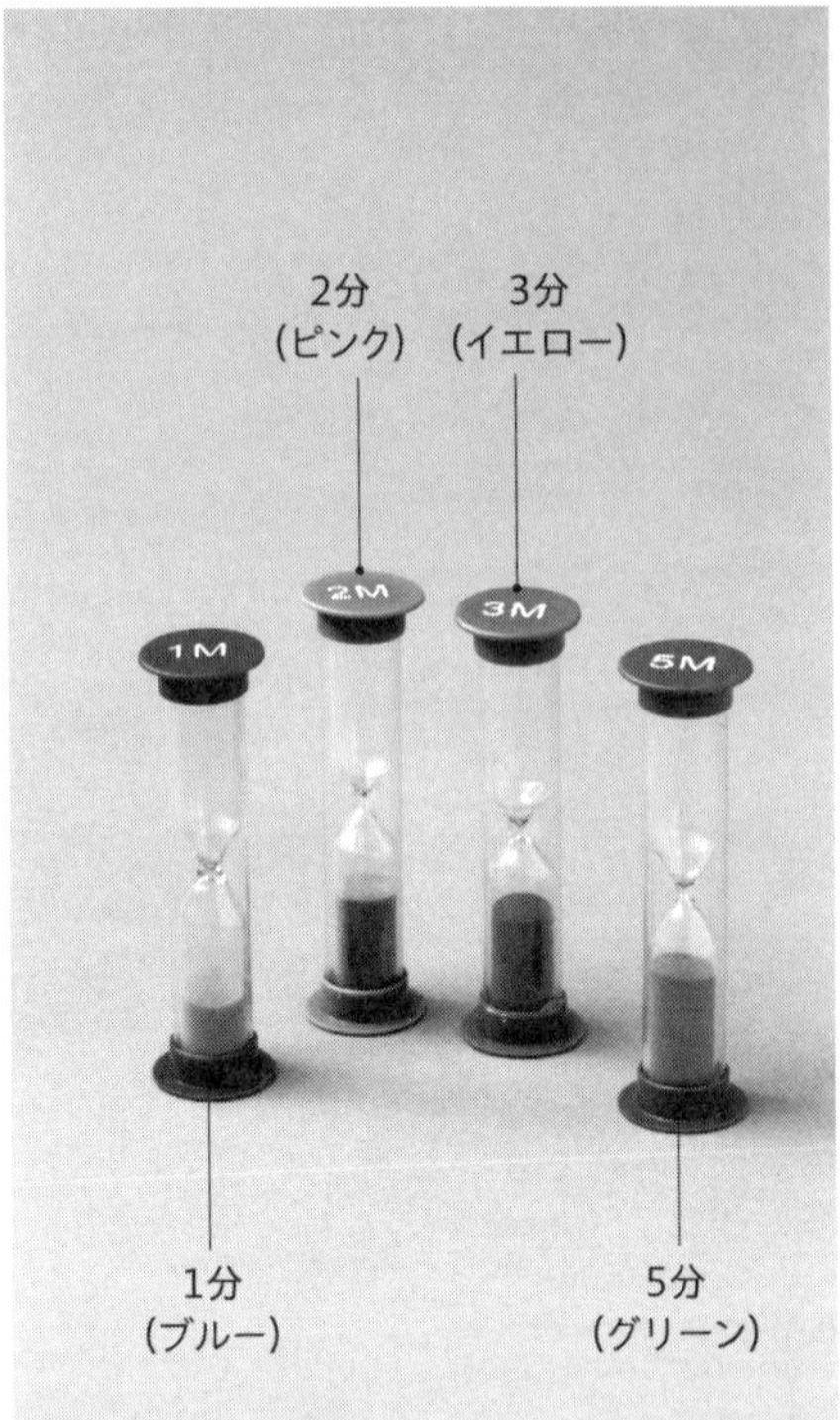

一例として、著者が実際に教室で使っているものと似たタイプの砂時計を掲載する。この製品は複数の販売元で取り扱いがあり、通販サイトを利用すればセットで1000円ほど（送料込み）で購入できる。もちろん、好みに合わせて好きなメーカーのものを使えばよい

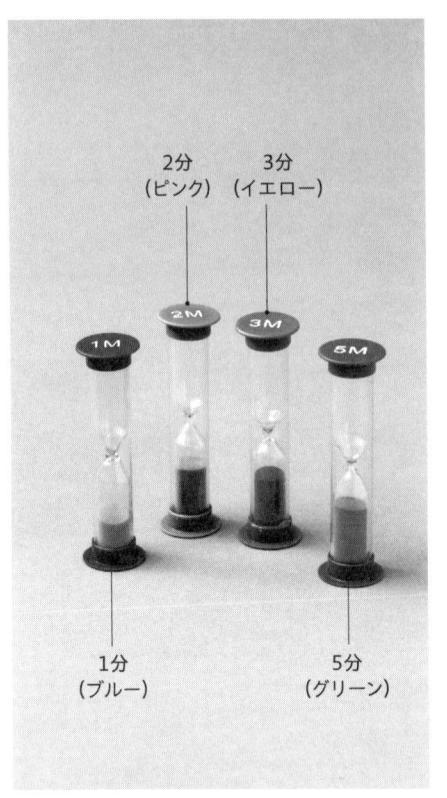

シフティング（行動の切り替え）をスムーズにするため、私がよく使うのが「**砂時計**」です。砂時計は、時間を量的に表現できるのはもちろんですが、砂が落ちていく様子が面白いらしく、子どもからの評判がとてもいいので重宝しています。また、いろいろな色のついた砂時計を用意しておくと、見た目もきれいで楽しい雰囲気をつくる役に立ちます。

私は「1分」「2分」「3分」「5分」の、4種類の砂時計をあらかじめ用意して使いわけています。砂時計を複数用意するのには、次のような理由があります。

まず、複数用意しておくと、そのときに取り組もうと思っていることの内容に合わせた時間設定がしやすくなります。

また、せっかちな子には「1分」の砂時計を、おっとりした子には「5分」の砂時計で課題に取り組んでもらう——といった具合に、子どもの個性によっても変えられます。

さらに、「じゃあ、何分にしようか？」と子どもに尋ねて選ばせることもできます。子ども自身に選ばせることで、自分から時間を守って切り替えようとする意識を育てることをねらった支援です。

こんな多くのメリットがあるから、砂時計は手放せません。

97

字がうまく書けない子に▼▼▼

「魔法のザラザラ下じき」がいい

表面の拡大写真➡

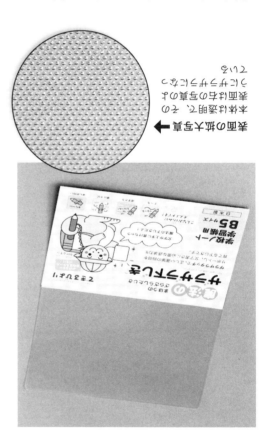

本体は透明で、その表面は右の写真のようにザラザラになっている

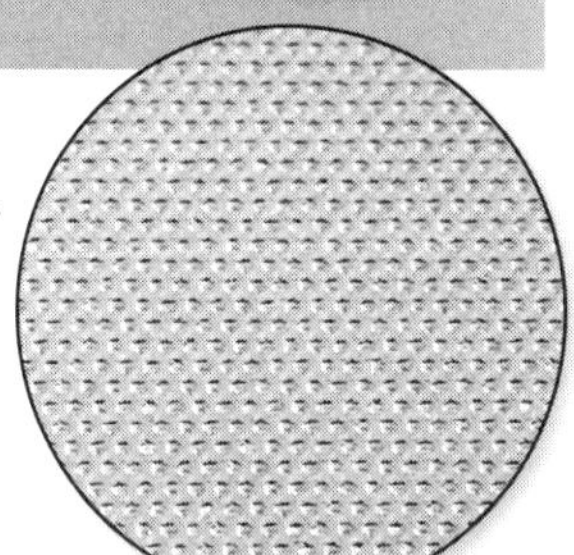

「魔法のザラザラ下じき」のサイズはA４（プリントやドリルなどに使う）とB５（学校のノートや学習帳などに使う）の2つで、用途に合わせて使いわけができる

発達障害がある子は、指先の細かな動き（**微細運動**）をうまく調整できないという特性があるために、文字を上手に書けないことがあります。

以前、筆跡が流れるようになってしまい、マスのなかに文字を収められなかったり、「0」を整った楕円で書けなかったりする子を担当したことがありました。字を書くのが大変そうだったので、保護者と相談して、試しにこの子に「**魔法のザラザラ下じき**」（製造販売・株式会社オフィスサニー「できるびより」）を使ってもらいました。

すると1週間ほどで筆跡が流れなくなり、「0」の字形も大きく変わりました（左下の写真を参照）。子ども自身も、「きれいに書ける！」と、自信をもって学習に取り組めるようになったのです。

製造販売元によると、この下敷きは、字を書くときのザラザラした感触が振動になって手にしっかり伝わるので、書こうとしている文字のイメージと手の動きが一致しやすくなり、字形が整うようになるそうです。書字に課題を抱えている子がいたら、試してみてはいかがでしょうか。

使用前

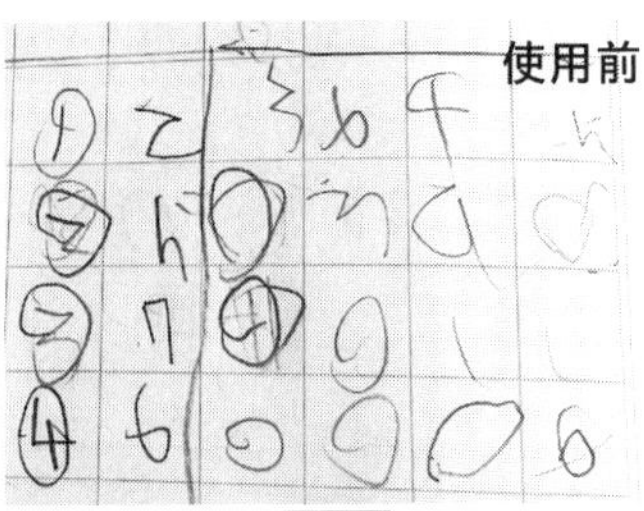

1週間後

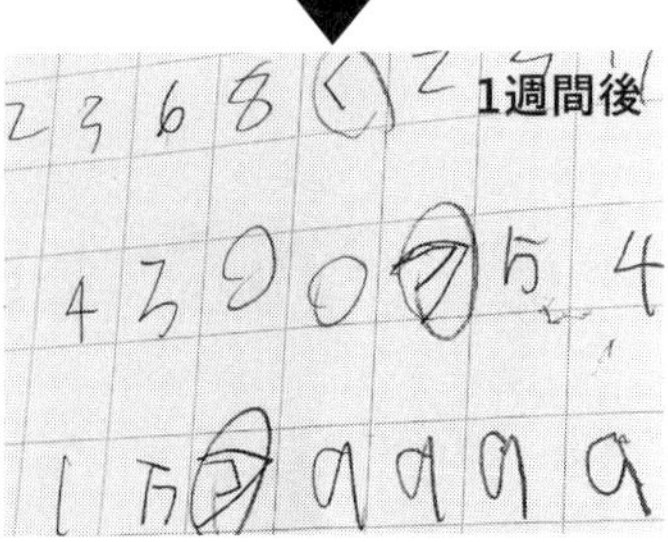

98

食事をこぼしてしまう子に▼▼▼

「新聞紙」で配膳練習をしよう

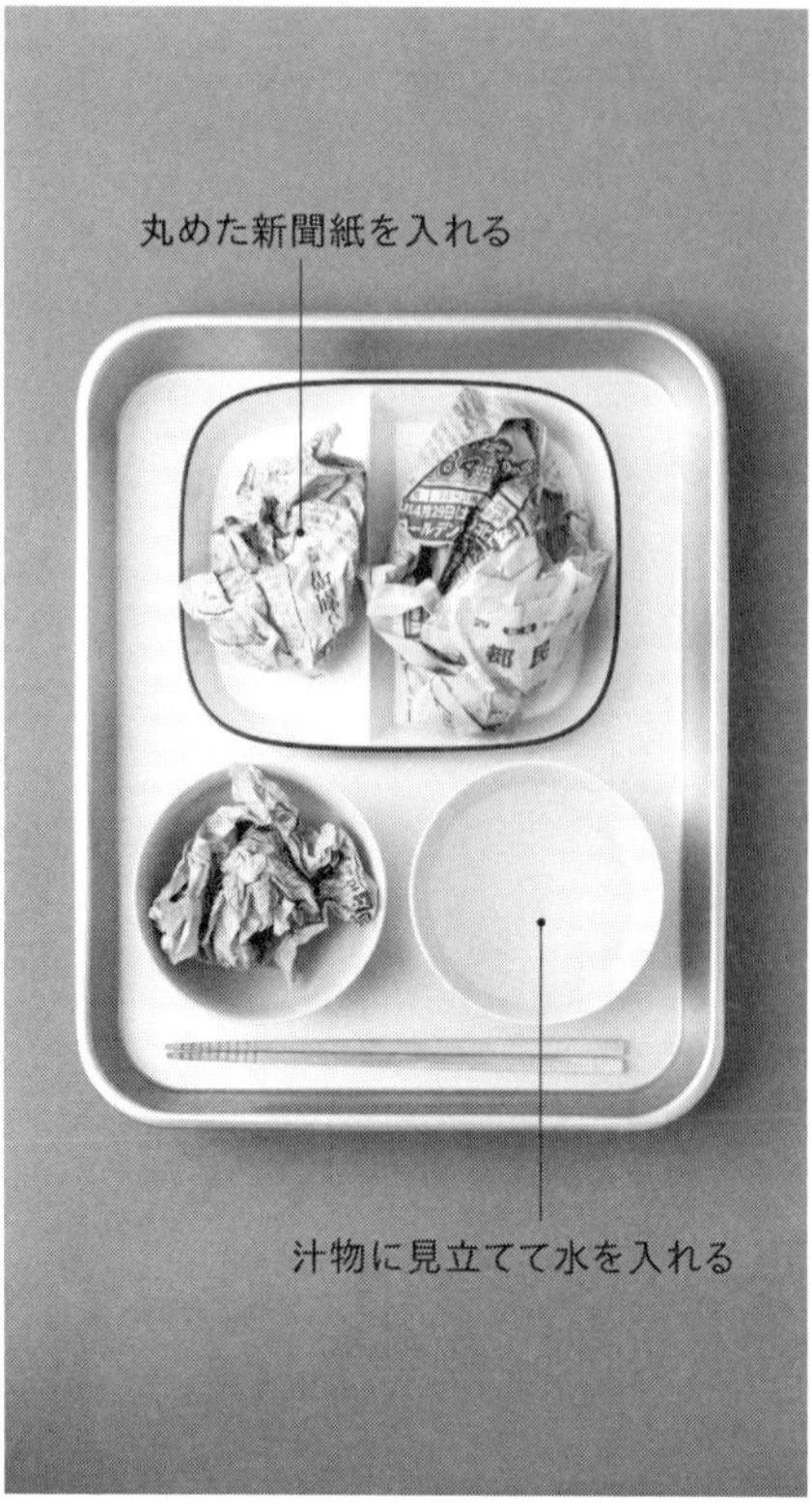

写真のように新聞紙を使い、汁物のかわりに水を使ってトレーニングする。実際に学校で使われている食器やバット、箸などを借りて行えれば理想的だが、100円ショップなどで学校のものと似た形状の食器やお盆を購入すれば、あまりお金をかけずに自宅でも練習できる

小学校では給食がありますが、配膳のときうまく運べず、こぼしてしまう発達障害の子がけっこういます。空間認知能力やボディイメージが未発達なため、そのようなことが起こるのだと思いますが、なんとか解決したい課題です。

私は、食べ物のかわりに丸めた新聞紙を食器に入れ、トレーにのせて運ばせる「**摸擬給食**（もぎ）」で、子どもに食事を運ぶ練習をしてもらったことがあります。これなら、落としたとしても床がちょっとぬれるくらいで、他には何の問題もありません。

小学校低学年の子に、家庭でトレーを使って食事を運ばせることはあまりないでしょう。しかし、入学したら急にそれをやらなくてはいけなくなります。入学前に少し練習しておくといいのではないか、と私は考えています。

また、保護者から、食事中に食器をひっくり返して中身をこぼしてしまう子の話を聞くことがありますが、そんな子にも、新聞紙を食器に入れた状態で食事動作を練習させるといいかもしれません。

子どもの〝給食スキル〟〝食事スキル〟を高めるひとつの方法として、提案しておきたいと思います。

99

負ける経験を積ませるなら▼▼▼

「五色百人一首」が役に立つ

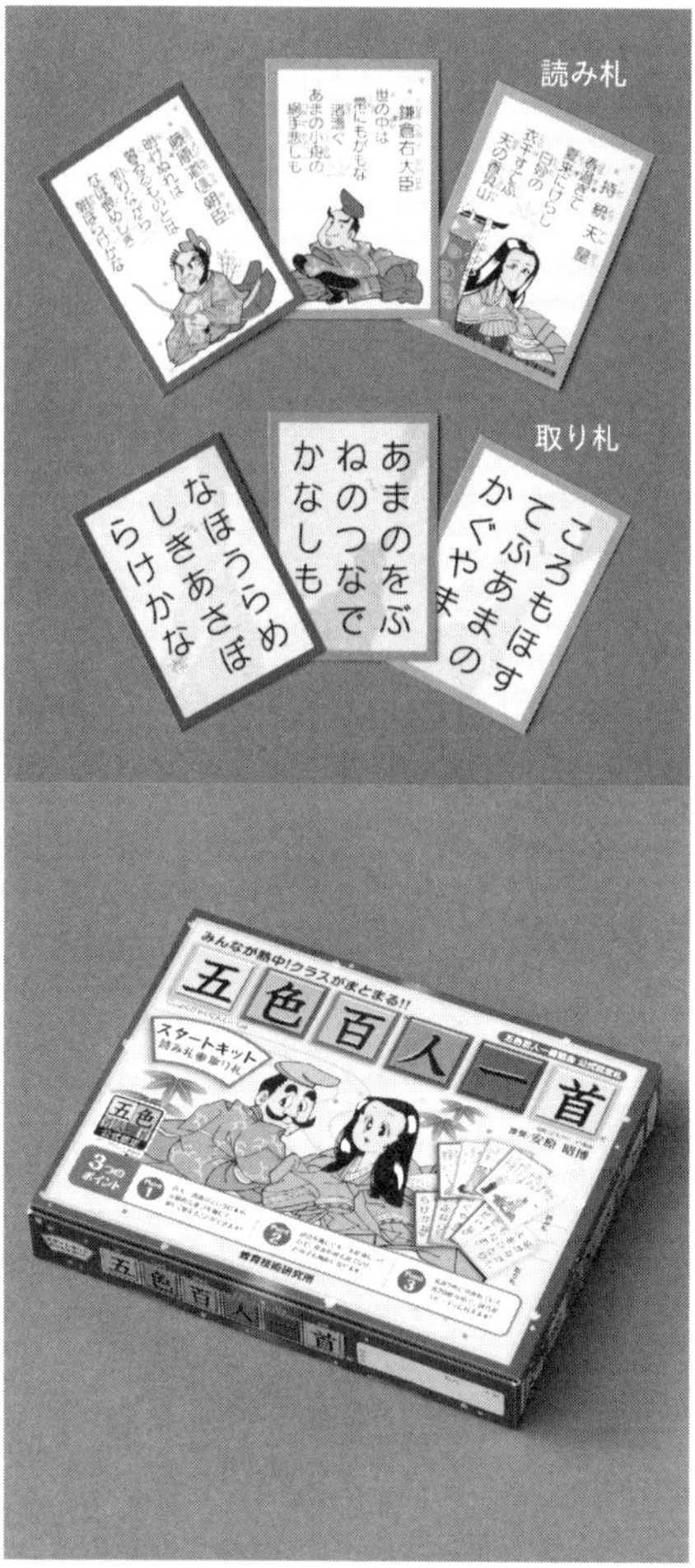

札の裏面の隅に色ごとにA ~ Eの印が振られているので、色を識別しづらい特性（色弱）がある子でも「Aの札」などと伝えれば区別できる

第5章で「勝ち」にこだわる子への支援を書きましたが、負ける経験を積ませたいと思ったら、ここで紹介する「**五色百人一首**」（制作／発行・株式会社 教育技術研究所）はうってつけの教材です。この百人一首は、100首ある和歌が20ずつ、青、桃、黄、緑、橙（だいだい）のどれかの色のグループにわけられています。そうすることで、たとえば「青色グループの和歌20首だけを使って遊ぶ」ということが可能になっているのです。

札をすべて使って百人一首をすると時間がかかりますが、**20首に絞れば一試合3分ほどで終わるので、ちょっとした空き時間を利用して遊ぶことができます**（しかも、国語の勉強にもなります）。文字も大きく、漢字に仮名を振るなど、簡単に読めるよう配慮されているので、ていねいに教えてあげれば小学1年生でもできます。

ある学校では勝負にこだわる男子がいて、負けると「ズルをした！」と難癖をつけるので敬遠されていました。担任は五色百人一首を導入し、負けたときの振る舞い方をその子に教えながら（164ページ参照）、1年間、クラスで短時間の試合を何度も続けました。

3学期になるとその男子は、負ける経験を何度も積んだことですっかり〝免疫〟ができ、試合の結果を落ち着いて受け入れられるようになりました。さらに、同じ札に手が重なったとき、自ら「どうぞ」と譲れるまでになったそうです。大人が教えながら遊べばこのような効果が期待できるので、私は強くおすすめしています。

100

パニックや暴力の〝予防〟に▼▼▼

「トレーニングキット」がある

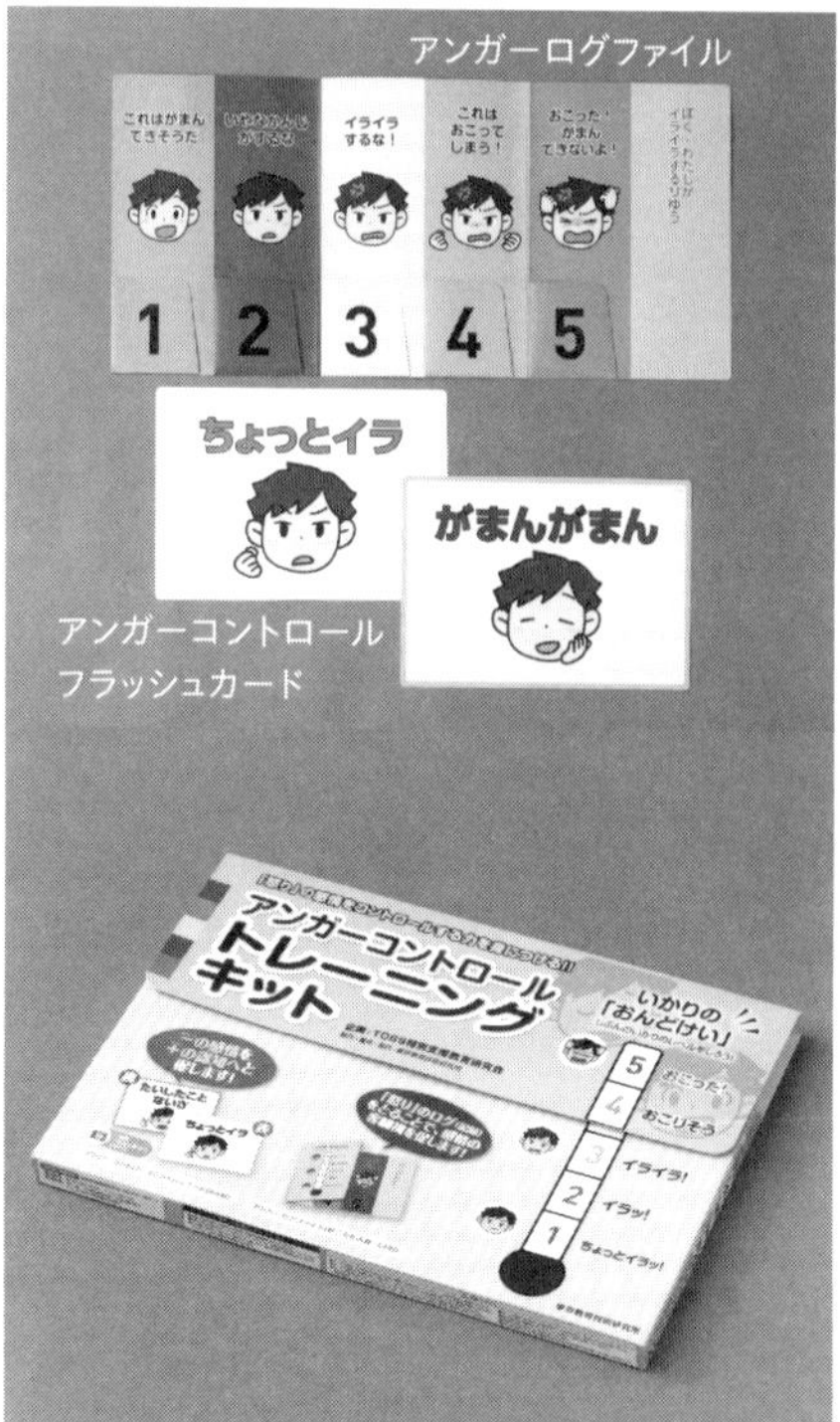

「アンガーコントロールトレーニングキット」とその中身。カードはA4サイズで文字も大きく、教室での指導にも使えるようにできている。アンガーログファイルは、子どもが怒りを感じたエピソードのメモをイライラの程度ごとに分類できるようになっているので、自身の振り返りや保護者・教師との話し合いにも活用できる

イライラや怒りをコントロールするスキルは、生活するうえでとても重要です。

ただ、本書で何度も書いたとおり、子どもが自分の気持ちやその度合いを表現できるだけの語彙を獲得できていないケースも、往々にしてあります。

「そもそも、イライラ・怒りをコントロールするとは、どういうことなのか」

「イライラ・怒りを、どんな言葉や表情で伝えたらいいのか」

こういったことを学んでもらいたいときに役に立つのが、「**アンガーコントロールトレーニングキット**」（制作／発行・株式会社 教育技術研究所）です。

表に怒りなどマイナスの感情を表現する語彙を、裏にそのマイナス感情をプラスに言いかえた語彙を書いたフラッシュカードが入っていて、このカードを使って子どもに「気持ちの表現方法」や「気持ちの切り替え方」を教えることができます。

メモなどを挟めるポケットがついた、折り畳み式のログファイル（記録用のファイル）には、怒りの程度を5段階で表現した「いかりの『おんどけい』」のイラストが掲載されていて、パニックを起こしたり、乱暴な行為をしてしまった子に、あとで「イライラ度」を尋ねるとき役立ちます。

あとがき

２０２２年12月、全国の公立小中学校の通常学級に、発達障害の可能性がある子が８・８％いる、という調査結果が公表され、世間を驚かせました。10年前の調査結果は６・５％でしたから、２ポイント以上も増えています。それだけ特別なニーズを持った子が増えている、ということだと思います。

この本で紹介したのは、子どもの多様なニーズに応えつつ、彼らが他者とともに生き、学び、そして成長するのを支える最も基礎的なスキルです。「個別最適な学び」と「協働的な学び」を柱とする「令和の日本型学校教育」実現のために、なくてはならない教育技術だと私は思っています。

コロナ禍やロシアのウクライナ侵攻など、予測不可能なことが次々と起こる「混迷の時代」を、子どもたちは生きています。彼らの成長を保障するために、教師が、そして親が、まず変わらなければいけません。本書が「声かけ・接し方」だけでなく、ささやかでもみなさんの意識改革のきっかけになれば幸いです。最後になりましたが、多数の作品を寄稿してくださった漫画家・かなしろにゃんこ。さんに御礼を申し上げて筆を擱きます。

【問い合わせ先（教材・商品の掲載順）】

●株式会社 教育技術研究所（TOSSオリジナル教材）

〒142-0064　東京都品川区旗の台2-4-12 TOSSビル

Website : https://www.tiotoss.jp

E-mail : info@tiotoss.jp

……ふみおくん（266ページ）／五色百人一首（282ページ）／アンガーコントロールトレーニングキット（284ページ）

●株式会社ドリームブロッサム

〒880-0123　宮崎県宮崎市芳士607

Website : https://www.dreamblossom.jp

Instagram : dreamblossom_official

E-mail : info@dreamblossom.jp

……タイムタイマー（274ページ）

●株式会社オフィスサニー（できるびより）

〒116-0014　東京都荒川区東日暮里4-4-6

Website : https://dekirubiyori.com

E-mail : info@dekirubiyori.com

……魔法のザラザラ下じき（278ページ）

←著者は特別支援教育総合ウェブマガジン「ささエる」でも教育技術や教材に関する情報を配信しています。興味のある方は左のQRコードからアクセスしてください

｜著　者｜小嶋悠紀（こじま・ゆうき）
1982年生まれ、株式会社RIDGE SPECIAL EDUCATION WORKS代表取締役、発達支援コンサルタント、元小学校教諭。信州大学教育学部在学中に発達障害がある人を支援する団体を立ち上げ、代表を務める。卒業後は長野県内で教員を務めながら特別支援教育の技術などをテーマとする講演を全国で実施。県の保育士等キャリアアップ研修や、幼稚園・小学校・中学校・高等学校・特別支援学校の養護教諭むけの研修なども担当する。直接の指導や支援会議への参加を通じてこれまで2000人をこえる子どもの支援に関わり、センサリーツール「ふみおくん」の開発にも携わった。NPO法人TOSS理事（Instagram：@oshietekojit）。

発達障害・グレーゾーンの子がグーンと伸びた
声かけ・接し方大全
イライラ・不安・パニックを減らす100のスキル　　こころライブラリー

2023年 3月7日　第1刷発行
2024年11月8日　第14刷発行

著　者　小嶋悠紀
発行者　篠木和久
発行所　株式会社講談社
東京都文京区音羽二丁目12－21　郵便番号112－8001
電話番号　編集　03－5395－3560
販売　03－5395－5817
業務　03－5395－3615
印刷所　株式会社新藤慶昌堂
製本所　株式会社若林製本工場

KODANSHA

ISBN978-4-06-531160-8
N. D. C. 143　287p　19cm